周蓉蓉 ○ 著

数智化转型中的领导力变革

人民日报出版社

北京

图书在版编目（CIP）数据

数智化转型中的领导力变革 / 周蓉蓉著. -- 北京：
人民日报出版社，2025. 2. -- ISBN 978-7-5115-8597-4

Ⅰ . C933-39

中国国家版本馆CIP数据核字第2025PT5716号

书　　　名：数智化转型中的领导力变革
　　　　　　SHUZHIHUA ZHUANGXINGZHONG DE LINGDAOLI BIANGE
著　　　者：周蓉蓉

责任编辑：李　安
封面设计：中尚图

出版发行：人民日报出版社
社　　　址：北京金台西路2号
邮政编码：100733
发行热线：（010）65369527　65369846　65369509　65369512
邮购热线：（010）65363531
编辑热线：（010）65369528
网　　　址：www.peopledailypress.com
经　　　销：新华书店
印　　　刷：三河市中晟雅豪印务有限公司
法律顾问：北京科宇律师事务所（010）83632312

开　　　本：710mm × 1000mm　1/16
字　　　数：182千字
印　　　张：17.25
版次印次：2025年5月第1版　2025年5月第1次印刷

书　　　号：ISBN 978-7-5115-8597-4
定　　　价：69.00元

《《 序 言

在这个由算法编织的数字宇宙中，我们正站在历史的转折点。人工智能（AI）不再是科幻小说中的幻想，而是深刻影响着社会、经济和文化结构的现实力量。它重塑了我们的工作方式、学习模式，甚至重新定义了人类与机器之间的关系。在这样的背景下，领导力的概念也迎来了前所未有的挑战和机遇。

《数智化转型中的领导力变革》一书旨在探索在这个技术驱动的时代，领导者如何重新构想他们的角色、责任和能力。本书不仅是一本理论著作，更是一份行动指南，为那些希望在智能未来中引领方向的人提供洞见和策略。本书探讨了人工智能如何改变我们的工作方式、商业模式乃至社会结构，深入剖析了在这一变革浪潮中，领导者应当如何重新定位自己，以适应并引领新时代的到来。

人工智能的崛起，无疑为人类带来了前所未有的机遇。自动化、数据分析、智能决策……这一切不仅极大地提升了生产力，也催生了全新的产业生态。然而，正如硬币的两面，人工智能也带来了挑战，尤其是对传统领导力模式的颠覆。过去的领导力模型强调的是个人魅力、决策能力和团队管理。在数智化转型中，这些特质需要被重新审视。本书将讨论领导者如何培养数据素养，如何在人机协作中找到平衡，

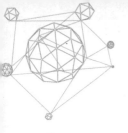

如何利用人工智能来优化决策过程，以及如何在高度自动化的工作环境中，保持人性化的管理风格，以激发团队的创新精神和情感共鸣。

面对人工智能带来的变革，被动适应是不够的。本书鼓励领导者成为变革的推动者，而不是跟随者。这意味着要拥抱不确定性，勇于试验新的工作流程，同时保持对伦理和社会责任的敏感性。在这个过程中，领导者必须成为学习者，不断更新知识，提升技能，以便在快速变化的技术环境中保持相关性和竞争力。人工智能有潜力消除偏见，但也可能放大现有的不平等。因此，本书强调领导者在促进公平、多样性和包容性方面的作用。通过建立开放、透明的组织文化，领导者可以确保人工智能技术的使用惠及所有成员，而不仅仅是少数特权群体。

《数智化转型中的领导力变革》邀请您踏上一段旅程，去探索未知，拥抱变化，并勇敢地塑造未来。无论您是企业高管、政府官员、教育工作者还是创业者，本书都将为您提供宝贵的视角，帮助您在这个充满挑战与机遇的时代中，成为一位前瞻性的领导者。

<< 目 录

第一章

人工智能：重塑商业与领导力

人工智能是一门研究如何创建智能机器或软件的学科，它使计算机能够执行通常需要人类智能才能完成的任务，如视觉感知、语音识别、决策制定、语言翻译和问题解决。

一、人工智能技术概览

（一）机器学习：探索数据驱动的智能未来

机器学习，作为人工智能领域的一颗璀璨明珠，代表着计算机科学的一项重大突破——让计算机系统能够从数据中自主学习，无须显式编程即可提升性能。这一能力不仅极大地扩展了计算机的功能边界，还开启了无数创新应用的大门。机器学习算法根据数据的可用性和任务特性，大致分为四类：监督学习、无监督学习、半监督学习和强化学习。

1. 监督学习

作为最常见且成熟的学习方式，监督学习通过使用带有标签的数据集进行训练，让算法学习输入特征与输出结果之间的映射关系。一旦训练完成，模型便能对未知数据做出准确的预测或分类。这种类型的学习在诸多领域展现出了强大的实用性，比如，邮件分类、房价预测以及疾病诊断，其背后所运用的算法包括线性回归、逻辑回归、支持向量机、决策树和随机森林等。

2. 无监督学习

无监督学习能够在缺乏标签数据的情况下探索数据的内在结构。算法直接作用于原始数据，旨在发现隐藏的模式或关联，如数据点的聚类或维度的降维。K-means 聚类、主成分分析和自编码器等方法，广泛应用于客户细分、异常检测和主题建模等领域，揭示了数据的深层次含义。

3. 半监督学习

半监督学习是监督学习和无监督学习的巧妙融合，尤其适用于标记数据稀缺的场景。通过利用小规模的标记数据和大规模的未标记数据，半监督学习能够更有效地捕捉数据的内在规律，从而提升模型的泛化能力。在图像分类和语音识别等任务中，半监督学习显示出了其独特的优势。

4. 强化学习

强化学习代表了一种更为动态的学习方式，通过与环境的交互，算法（或称为代理）持续学习在不同情境下如何采取最佳行动策略。算法通过尝试不同的行动并接收环境反馈（奖励或惩罚），逐步优化其行为策略，以实现长期累积奖励的最大化。强化学习在游戏策略、

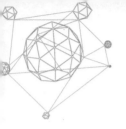

机器人控制和自动驾驶等高复杂度任务中展现出了惊人的学习能力和适应性。

机器学习的这四种类型分别针对数据的不同特性和应用场景的需求，为解决现实世界中的复杂问题提供了有力工具。随着算法的不断创新和计算能力的飞速发展，机器学习的应用领域正以前所未有的速度扩张。无论是科学研究、商业决策，还是日常生活，机器学习都正以其独特的魅力，引领我们迈向一个更加智能化的未来。

（二）深度学习：解锁数据的深层奥秘

深度学习，作为机器学习领域中一个引人瞩目的分支，通过模仿人脑神经元的连接方式，构建了复杂的多层神经网络模型，以识别和提取数据中的复杂特征。这种技术在处理图像、声音和文本等非结构化大数据时展现出卓越的能力，其成功的关键在于深度神经网络的强大表达力，能够捕捉到数据中的细微差异和深层次联系。

1.卷积神经网络

卷积神经网络（CNNs）是深度学习中的著名架构，擅长处理具有网格结构的数据，如图像和视频。卷积神经网络通过卷积层、池化层和全连接层的组合，有效地学习图像的局部特征和空间层次结构。卷积层通过多个可学习的滤波器扫描输入图像，捕获图像中的边缘、纹理和形状等特征；池化层则负责减少空间维度，同时保留最重要的信息；最后，全连接层将这些特征组合起来，进行最终的分类或预测。

卷积神经网络在图像识别、物体检测和医学影像分析等领域取得了突破性的成果。

2. 循环神经网络

循环神经网络（Recurrent Neural Networks, RNNs）设计用于处理序列数据，如时间序列和自然语言，其特点是网络中的节点不仅与前一层相连，还会与同一层的前一时刻节点形成循环连接，从而能够处理具有时间依赖性的信息。循环神经网络通过维持一个内部状态（或记忆），来捕捉序列中的历史信息，使得模型能够理解长距离的依赖关系。然而，传统的循环神经网络在处理非常长的序列时存在梯度消失或梯度爆炸的问题，限制了它们在某些任务上的表现。

3. 长短时记忆网络

为了解决循环神经网络的局限性，长短时记忆网络（LSTM）被提出。它们通过引入特殊的门控机制，有效管理长期依赖信息。长短时记忆网络包含输入门、遗忘门和输出门，这些门控单元能够决定哪些信息应该被存储、遗忘或传递到下一个时间步。这种机制使得长短时记忆网络在处理自然语言、语音识别和时间序列预测等任务时表现出色，能够记住更长时间的信息而不丧失细节。

4. 深度学习的革命性影响

深度学习的兴起彻底改变了多个行业的格局，从社交媒体的内容推荐到自动驾驶汽车的路径规划，从在线翻译服务到个性化医疗诊断，

深度学习的应用无处不在。深度学习提高了机器学习系统的准确性，简化了特征工程的过程，使得机器可以从原始数据中自动学习到有用的表示，减少了对人工设计特征的依赖。

随着硬件性能的提升和算法的不断优化，深度学习正朝着更加高效、透明和通用的方向发展。未来，深度学习有望进一步融合多模态数据，实现更深层次的理解和更广泛的智能应用，为人类社会带来前所未有的变革。

（三）自然语言处理：构建人机对话的桥梁

自然语言处理（NLP）是一门融合了计算机科学、人工智能和语言学的交叉学科，其核心目标是使计算机能够理解和生成人类的自然语言。自然语言处理致力于解析和生成人类日常使用的语言，涵盖从词汇分析到语义理解的广泛内容，是计算机与人类沟通的关键技术。

1. 解码语言的多维结构

自然语言处理的任务复杂多样，从基础的词汇分析开始，识别文本中的词和短语，并确定其词性；随后的语法分析帮助理解句子的结构，判断主谓宾等成分的关系；语义分析深入挖掘词语和句子的含义，理解文本的真实意图；情感分析则是一种更高级别的处理，能够识别文本中蕴含的情感色彩，如正面、负面或中立的态度。此外，自然语言处理还包括命名实体识别、主题建模、语用分析等众多子领域，它们共同构成了语言理解的全面框架。

2. 实现语言的智能应用

自然语言处理技术的应用场景广泛而深刻，它们正在改变我们与数字世界的互动方式。机器翻译让跨语言交流变得轻松自如，无论是商务沟通，还是个人旅行，都能瞬间跨越语言障碍；文本摘要技术则能快速提炼文章的要点，为用户提供精练的信息概览；情感分析帮助企业和品牌洞悉消费者情绪，指导营销策略的制定；问答系统则模拟了人与人之间的自然对话，能够针对特定问题提供精准答案。此外，自然语言处理还在智能客服、文本分类、语音识别等领域发挥着关键作用。

3. 深度学习驱动的自然语言处理革命

近年来，深度学习的崛起极大地推动了自然语言处理的发展，尤其是基于 Transformer 架构的模型，如 BERT（Bidirectional Encoder Representations from Transformers）、GPT（Generative Pre-trained Transformer）系列，它们通过大规模预训练和自注意力机制，实现了对语言更深层次的理解和生成能力。这些模型能够捕捉到文本中的长距离依赖关系，处理复杂的语境和多义性问题，显著提升了自然语言处理任务的准确性和效率。例如，BERT 通过双向编码，能够在处理每个单词时考虑到上下文信息，从而更准确地理解语句的含义；而 GPT 系列则专注于生成连贯且富有创意的文本，展现了令人惊叹的语言生成能力。

随着计算资源的日益丰富和算法创新的持续加速，自然语言处理

领域的研究正向着更加精细化、情境化和个性化的方向发展。未来的自然语言处理系统将更加注重理解语言背后的文化和社会背景，以及个体的情感和偏好，为人机交互创造更加自然、流畅和智能的体验。在这一过程中，深度学习将继续扮演核心角色，引领自然语言处理技术向更高水平迈进，开启人机共融的新篇章。

（四）计算机视觉：解码视觉世界的奥秘

计算机视觉，作为人工智能的一个重要分支，其核心目标是赋予机器"观察"和"理解"视觉信息的能力，从而让计算机能够像人类一样"看"世界。这一领域融合了数学、信号处理、模式识别、机器学习和认知科学等多种知识体系，旨在让计算机系统具备处理、分析和理解图像及视频数据的能力，识别其中的对象、场景和活动，甚至解读复杂的视觉现象。计算机视觉的应用范围广泛，从自动驾驶汽车的环境感知、医学影像诊断，到虚拟现实、增强现实的交互体验，其影响渗透到了科技、工业、医疗和日常生活的各个角落。

1. 探索视觉信息的深层结构

计算机视觉的关键技术涵盖了多个维度，从基础的图像分类，即识别图像中包含的物体类别，到更为复杂的对象检测，不仅能识别物体，还能定位其在图像中的位置。语义分割则进一步细化了理解层次，可以区分图像中不同区域的语义类别，比如，区分出道路、车辆、行人等，这对于自动驾驶系统至关重要。实例分割则是在语义分割的基础上，进一步区分出同一类别中的不同个体，比如，识别出一张图片中有几只猫，并分别标记出来。这些技术的迭代升级，使得计算机能够更细致、更准确地解析视觉信息，逼近甚至超越人类的视觉理解能力。

2. 深度学习引领的视觉革命

在计算机视觉的发展历程中，深度学习，尤其是卷积神经网络，起到了革命性的推动作用。卷积神经网络的设计灵感源自生物视觉系统的结构，通过多层的特征提取，能够自动学习图像的局部特征和层级结构，无须人工设计特征，大大降低了传统计算机视觉任务的复杂度。例如，在图像分类任务中，卷积神经网络能够自动捕获边缘、纹理、形状等视觉特征，进而识别出图像中的物体。在目标检测领域，Faster R-CNN、YOLO（You Only Look Once）等算法结合了卷积神经网络的高效特征提取能力和快速定位能力，实现了实时、高精度的目标检测。

3. 面向未来的视觉智能

随着计算能力的提升、大数据集的积累和算法的不断创新，计算机视觉正朝着更加智能化、自主化的方向发展。未来的计算机视觉系统将更加注重场景理解的深度和广度，不仅能识别静态图像中的对象，还能理解动态视频中的行为和事件，甚至预测未来可能发生的情况。计算机视觉与自然语言处理、强化学习等其他人工智能领域的融合，将进一步拓展其应用场景，比如，实现图像和视频的自动描述、智能

推荐系统中的视觉内容分析，以及在人机交互中通过视觉感知增强用户体验。

（五）机器人学：构建智能实体的科学与艺术

机器人学，一个跨越机械工程、电子工程与人工智能的综合领域，致力于设计、制造和操作能够感知环境、思考并执行任务的实体机器人。这一学科不仅关注物理层面的机器人构造，还聚焦软件和算法的开发，旨在使机器人能够理解、适应并与环境进行有效互动。机器人学的精髓在于硬件与软件的完美融合：机械工程决定着机器人的形态、灵活性和负载能力；电子工程确保了传感器和执行器的高效运作；而人工智能则是赋予机器人"生命"的关键，包括感知与传感、运动控制、路径规划与导航、决策与规划以及学习与适应等核心功能。

在感知与传感环节，机器人通过摄像头、激光雷达、力传感器等设备收集环境信息，这是其获取外部世界数据的第一步。运动控制机制根据感知到的信息，调整机器人的动作，确保其能够平稳、精确地移动或操作物体。路径规划与导航算法使机器人能够在复杂环境中自如穿梭，避开障碍物，抵达目标位置。决策与规划系统则结合环境感知和任务需求，制定策略，做出决策，规划后续行动。学习与适应能力，则通过机器学习和深度学习技术，使机器人能够从经验中学习，适应新环境，不断提升性能。

现代机器人技术的应用已遍布工业、服务、医疗、探索等多个领域，展现出前所未有的广度和深度。在制造业中，工业机器人在组装线、质量控制和材料搬运等方面大显身手，显著提高了生产效率和精度。服务机器人在家庭、酒店和医院中担任清洁、护理和娱乐助手的角色，减轻了人力负担，提供了个性化服务。医疗机器人在手术室和康复中心辅助医生进行精密手术，帮助患者进行物理治疗，极大地提升了医疗服务的质量和安全性。探索机器人则在太空、深海和其他极端环境中承担起探索未知、采集样本的重任，拓宽了人类的认知边界。而在教育与娱乐领域，机器人作为教学助手和表演者，激发了学生对STEM（科学、技术、工程和数学）的兴趣，创造了全新的互动体验。

近年来，随着人工智能技术的迅猛发展，尤其是深度学习、自然语言处理、计算机视觉等领域的突破，机器人学迎来了新一轮的革新。这些技术不仅增强了机器人的感知能力和决策智能，还促进了机器人与人类之间的自然交互，使机器人能够更好地理解人类的语言、情感和意图，从而在更多场景中发挥重要作用。未来，机器人学将持续融合最新的科研成果，朝着更高水平的自主性、智能性和人机协同迈进，为人类社会带来更多的便利、安全和创新。

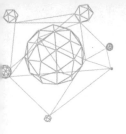

二、人工智能在商业中的应用实例：重塑行业格局

人工智能的崛起深刻影响着全球各行业的运营模式和战略决策，通过自动化、数据分析和智能决策，为企业带来更多的创新机遇。

（一）金融行业：智能决策与风险防控

在当今高度数字化的金融市场中，人工智能不仅革新了传统金融业务的运作方式，还在风险评估、欺诈检测、算法交易及客户服务等方面展现出巨大的潜力，推动着金融行业的智能化转型。

1. 风险评估

人工智能可以运用机器学习模型，深入分析客户的信用历史、财务状况以及行为模式，构建出更为精准的风险评分体系。这种基于大数据的智能分析方法，提高了信贷审批的效率，增强了对潜在风险的预判能力，可帮助金融机构更加科学地管理贷款组合，降低不良资产比例。

2. 欺诈检测

利用深度学习算法，人工智能系统可以实时监测海量交易数据，识别出可能的欺诈行为模式。无论是信用卡盗刷、虚假交易，还是身份冒用，人工智能都能够迅速响应，通过异常检测模型捕捉到细微的异常信号，及时预警，有效遏制欺诈事件的发生，保护金融机构和客户的财产安全。

3. 算法交易

人工智能驱动的算法交易系统能够高速分析市场数据，捕捉微小的价格波动，预测市场趋势，从而在毫秒级的时间内做出交易决策，执行高频交易策略。这种高精度、低延迟的交易方式极大提升了投资回报率，为投资者创造了更多价值。同时，算法交易还有助于增加市场流动性，促进金融市场更加公平、透明。

4. 客户服务

智能客服能够提供 24 小时不间断的服务，解答客户的常见问题，如账户查询、转账操作指导等，极大地缓解了人工客服的压力，缩短了客户等待时间，提升了服务质量和客户满意度。智能客服还具备情感分析功能，能够理解客户的情绪状态，给予客户更加贴心的个性化服务，进一步提高客户忠诚度。

总而言之，人工智能在金融行业的广泛应用，不仅提升了业务处理的效率和准确性，还强化了风险管理，改善了客户服务，为金融机

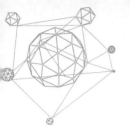

构带来了前所未有的竞争优势。随着技术的不断进步，人工智能将在金融领域产生更加深远的影响，推动整个行业向更加智能、高效的方向发展。

（二）零售业：个性化与优化库存

在快速发展的数字经济时代，人工智能正以前所未有的方式重塑零售业的面貌，尤其在个性化推荐系统、库存管理和动态定价策略这三个关键领域展现出了巨大潜力，极大地提升了零售企业的运营效率和客户满意度。

首先，个性化推荐系统是人工智能技术在零售领域的一大亮点。通过深度学习算法对海量消费者数据进行分析，包括购买历史、浏览记录、搜索关键词以及社交媒体互动等多维度信息，人工智能能够洞察消费者的偏好和潜在需求，进而生成高度个性化的商品推荐。这种精准的推荐机制不仅能够提升用户的购物体验，增加客户黏性，还显著提高了销售转化率，促进了销售额的增长。例如，电商巨头亚马逊实现了高达 35% 的销售额来自个性化推荐，充分展现了人工智能技术的商业价值。

其次，基于人工智能的库存管理系统正在颠覆传统的库存管理模式。通过整合历史销售数据、季节性趋势、节假日效应以及市场动态等多重因素，人工智能能够预测未来商品需求，实现智能补货和库存优化。这种预测性分析能够帮助零售商精确控制库存水平，避免因过度库存导致的资金占用和存储成本增加，同时也减少了缺货现象，确保了商品供应的连续性和稳定性，从而提升了整体供应链的效率和效益。

　　最后，动态定价策略是人工智能赋能零售业的又一重要应用。面对激烈的市场竞争和多变的消费者需求，传统的固定定价策略已难以满足精细化运营的需求。借助人工智能的实时数据分析能力，零售商可以灵活调整商品价格，以反映市场供需变化、竞争对手定价以及消费者支付意愿等关键因素。这种动态定价机制能够在保持竞争力的同时，实现利润最大化，特别是在旅游、酒店和航空等行业，动态定价已经成为企业提高收益的关键策略之一。

　　综上所述，人工智能在零售业的应用不仅优化了消费者体验，提升了运营效率，还为企业创造了新的增长点。随着人工智能技术的持续演进，未来零售业将更加智能化、个性化，为消费者带来更加便捷、愉悦的购物体验，同时也为零售商开辟了广阔的盈利空间。

（三）制造业：智能维护与质量控制

　　在工业 4.0 时代，人工智能已成为推动制造业转型升级的核心驱动力。通过深度渗透至预测性维护、供应链管理和质量控制等关键环节，人工智能显著降低了企业的生产成本，缩短了停机时间，助力企业构建高效、智能的生产体系，为制造业的可持续发展开辟了新路径。

1. 预测性维护

　　传统工厂往往通过定期检查或发生故障后的紧急维修维护设备，

这种方式不但效率低下，而且容易造成计划外的生产中断，严重影响生产进度。而人工智能通过集成物联网、大数据分析和机器学习算法，能够实时监测设备运行状态，预测潜在故障，实现从"被动响应"到"主动预防"的转变。这种预测性维护模式允许制造商提前规划设备维护，避免突发故障导致的生产停滞，大幅降低了因设备故障带来的直接经济损失和间接影响，如订单延误、客户信任度下降等。

2. 供应链管理

全球化的供应链网络复杂且脆弱，任何环节的延误都可能引发连锁反应，影响整个生产流程。借助人工智能的高级分析能力，制造商可以实时追踪原材料来源、预测物流瓶颈、监控市场需求波动，从而做出更精准的库存管理决策，减少过度生产和物料浪费。人工智能还能协助企业构建弹性供应链，快速适应市场变化，确保生产流程的顺畅无阻，实现资源的最优化配置。

3. 质量控制

在质量控制领域，人工智能通过图像识别技术和深度学习算法，为制造业带来了革命性的变革。传统的质量检查通常依赖人工目视或简单机械检测，不仅耗时费力，且容易出现漏检或误判。相比之下，人工智能能够以超乎人类视觉的精度和速度，自动识别产品表面缺陷、尺寸偏差等问题，确保每一件产品都符合严格的质量标准。这不仅大大提高了成品的合格率，减少了返工和废品率，还提升了生产效率和客户满意度，增强了企业的市场竞争力。

综上所述，人工智能在制造业中的广泛应用，不仅解决了传统生产模式下存在的诸多痛点，如高昂的维护成本、复杂的供应链管理和低效的质量控制，更为制造业注入了创新活力，推动其向智能化、自动化和绿色化方向加速转型。随着人工智能技术的不断成熟和完善，未来的制造业将更加高效、环保和人性化，开启一个全新的智能制造时代。

（四）医疗保健：精准医疗与远程监控

在医疗健康行业，人工智能正以其独特的算法和数据处理能力，推动着精准医疗的快速发展，为疾病早期诊断、患者持续监测及个性化治疗计划的制订提供着强有力的支持。这一系列创新不仅提升了医疗服务的效率和质量，更为患者带来了更为精准、个性化的医疗体验。

1.疾病早期诊断

基于深度学习的诊断工具，如神经网络算法，能够分析复杂的医学影像，如 X 光片、CT 扫描和 MRI 图像，辅助医生识别细微的病理变化，如肿瘤、骨折和血管异常等。这些智能诊断系统通过学习大量的历史病例，能够达到甚至超越资深医生的诊断水平，特别是在肺癌筛查、糖尿病视网膜病变检测等领域，人工智能的诊断准确率极高，有助于疾病的早期发现和干预。

2. 患者持续监测

人工智能驱动的健康监测设备改变了传统的医疗监护模式，为患者提供了全天候的健康守护。通过集成传感器技术，这些设备能够持续收集患者的生理数据，包括心率、血压、血糖水平和睡眠质量等，实现远程监测和即时分析。一旦检测到异常指标，人工智能系统就会立即发出警报，提醒患者和医护人员采取必要的医疗措施，有效预防了急性事件的发生，降低了慢性疾病并发症的风险。这种持续性的健康监护，不仅提升了患者的自我管理水平，也减轻了医疗机构的压力，促进了医疗资源的合理分配。

3. 个性化治疗计划的制订

基于患者的基因组信息、临床表现和病史数据，人工智能能够分析出最适合个体的治疗方案，包括药物选择、剂量调整和疗程规划等。这种基于大数据和机器学习的决策支持系统，能够考虑到患者的独特生物学特性，避免了"一刀切"的治疗方式，提高了治疗效果，减少了副作用。在癌症治疗、遗传性疾病管理以及罕见病研究等领域，人工智能正逐步实现从"大众医疗"到"精准医疗"的转变，为患者带来了希望和福音。

人工智能在医疗领域的广泛应用，加速了精准医疗的发展，提升了诊疗效率和患者体验，必将成为医疗健康领域不可或缺的智能伙伴，携手医护人员，共同守护人类的健康与福祉。

（五）交通运输：智慧出行与物流优化

在交通运输领域，人工智能正以前所未有的速度改变着人们的出行方式和物流效率，通过自动驾驶技术、智能路线规划以及交通流量管理，不仅提高了出行的安全性和效率，还显著减少了人为错误导致的交通事故，为城市交通管理和物流配送带来了革命性的变化。

自动驾驶技术是人工智能在交通运输领域最具前瞻性和影响力的创新之一。通过集成传感器、计算机视觉和深度学习算法，自动驾驶车辆能够实时感知周围环境，包括识别道路标志、检测障碍物、预测行人行为等，从而做出安全、高效的驾驶决策。这种智能驾驶系统能够消除人为因素造成的安全隐患，如疲劳驾驶、分心驾驶等，大大降低了交通事故的发生率。同时，自动驾驶技术还能够优化行驶路径，减少不必要的油耗和排放，对环境保护和可持续交通发展具有重要意义。

除了自动驾驶，人工智能在路线规划和交通流量管理方面也发挥了关键作用。基于实时交通数据和预测模型，人工智能系统能够分析当前的路况信息，包括车流量、道路施工、天气条件等，为驾驶员提供最短、最快或最经济的路线建议，有效缓解城市交通拥堵难题，提升道路通行能力。对于长途旅行或货物运输而言，人工智能还能考虑到燃料消耗、驾驶疲劳和交通规则等因素，规划出更加合理、安全的行程，减少了不必要的等待和延误，提高了整体的出行效率。

在物流领域，人工智能的应用更是开创了智能物流的新时代。通过优化货物配送路径，人工智能能够分析货物的体积、重量、目的地

以及客户需求，自动生成最佳的配送计划，包括选择合适的运输方式、确定最优的装载顺序和配送路线等。这种智能化的物流管理不仅减少了运输时间和成本，还提高了货物交付的准确性和及时性，为客户提供了更加满意的服务体验。此外，人工智能还能预测潜在的供应链中断，如自然灾害，使人们提前调整物流策略，确保供应链的稳定性和韧性。

人工智能在交通运输行业的广泛应用，不仅推动了自动驾驶技术的进步，优化了城市交通管理，还极大地提升了物流配送的效率和可靠性，为构建智能、绿色、高效的交通运输体系奠定了坚实的基础。随着技术的不断发展和应用场景的拓展，人工智能将继续在交通运输领域发挥着越来越重要的作用，引领着行业的未来发展方向。

（六）客户服务：全天候智能支持

在当今数智化转型的时代背景下，人工智能聊天机器人和虚拟助手已悄然成为企业客户服务领域的标配，它们以高效、智能的方式处理海量的咨询请求，为企业和客户之间搭建了一座沟通的桥梁。人工智能聊天机器人可运用先进的自然语言处理、机器学习和对话管理技术，提供即时反馈，减轻人工客服的工作压力，在提升客户满意度和忠诚度方面发挥着不可小觑的作用。

人工智能聊天机器人和虚拟助手的核心优势在于其强大的语言理解和生成能力。借助于自然语言处理技术，它们能够精准解析客户的意图和需求，无论是查询产品信息、解决技术问题还是寻求个性化推荐，都能迅速响应并给出准确、专业的解答。这一过程不仅极大地缩短了客户等待的时间，避免了长时间排队和重复说明的烦恼，还确保了信息的一致性和准确性，避免了因人工客服个体差异而可能产生的误解或偏差。

更重要的是，人工智能聊天机器人能够全天候无间断地工作，无论是在深夜还是节假日，都能随时待命，为客户提供不间断的支持和服务。这种高可用性和响应速度对于提升客户体验至关重要，尤其是在竞争激烈的市场环境中，快速、准确的服务往往能成为企业吸引和留住客户的关键因素。此外，通过分析客户交互数据，人工智能聊天机器人还能不断学习和优化，逐步提高对话质量和个性化服务水平，进一步提升客户满意度。

然而，人工智能聊天机器人并非仅限于被动响应，它们还能主动发起对话，推送定制化的内容和促销活动，促进销售转化，同时收集客户反馈，帮助企业更好地了解市场需求和客户偏好，为产品开发和营销策略提供数据支持。这种双向互动的沟通模式，不仅丰富了客户服务的内涵，还为企业创造了新的价值增长点。

总之，人工智能聊天机器人和虚拟助手的普及应用，标志着企业客户服务进入了一个全新的阶段。它们不仅大幅提升了服务效率和质量，减少了人力成本，还促进了更深层次的客户关系建设，为企业赢得了竞争优势。随着技术的持续进步，人工智能聊天机器人有望在更多场景下展现出其独特的魅力，为客户提供更加智能、便捷、个性化的服务体验。

（七）人力资源：人才匹配与培训

在现代企业运营中，人力资源管理作为关键环节，其效能的提升直接关乎组织的整体竞争力。近年来，人工智能的广泛应用正深刻改变着人力资源管理的传统模式。

1. 招聘

在招聘流程中，人工智能的加入极大地提高了筛选效率与精准度。传统的简历筛选工作耗时且容易受到主观偏见的影响，而人工智能算法能够基于预设的职位要求，快速从海量简历中识别出最符合标准的候选人，同时减少人为偏见，确保招聘过程的公平性。这一过程不仅能节省 HR 部门大量的时间和精力，还能通过数据分析，挖掘候选人的潜在能力和匹配度，使得招聘决策更加科学合理，从而吸引和保留更优秀的人才。

2. 绩效管理

通过集成各类员工数据，包括工作成果、协作效率、客户反馈等，人工智能系统能够提供多维度的绩效分析报告，帮助管理者深入了解团队表现，及时发现潜在问题和优化空间。基于这些洞察，企业可以调整资源配置，优化团队结构，实现人员与岗位的最佳匹配，从而提高整体工作效率和团队凝聚力。此外，人工智能还能预测员工流动趋势，提前采取措施，降低人才流失率，保障组织稳定运行。

3.员工培训

传统的培训方式往往难以满足不同员工的学习需求，而人工智能技术能够根据每位员工的学习风格、知识基础和职业目标，定制个性化的培训计划。通过分析学习行为和进度，人工智能能够实时调整课程内容和难度，确保每位员工都能获得最适合自己的成长路径，加速技能提升和职业发展。这种智能化的培训模式，不仅提高了学习效率，还增强了员工的参与感和满意度，为构建学习型组织奠定了坚实基础。

可见，人工智能在人力资源管理领域的应用正逐步深化，从招聘、绩效管理到员工培训，每一个环节都展现出人工智能技术的巨大潜力。它不仅简化了繁琐的人力资源管理工作，提高了组织效率，还助力企业实现了人才的精准选拔、高效利用和持续发展，为构建更加智能、灵活和有竞争力的团队提供了强大支撑。随着人工智能技术的不断进步和应用场景的拓展，未来人力资源管理将迎来更多创新和变革，为企业可持续发展注入源源不断的动力。

三、数智化转型中对领导力的新要求：重塑管理者的角色与能力

在这个数据驱动、技术密集的时代，领导力的定义和要求也在悄然发生变化，领导者不仅要掌握传统的管理技巧，还要具备一系列与人工智能相关的新兴能力，以引领组织在智能经济中稳健前行。

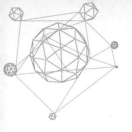

（一）数智化转型中的领导力：技术素养与战略洞察

在人工智能引领的数智化转型浪潮中，企业领导者面临前所未有的挑战与机遇。在这个技术驱动的时代，领导者的技术素养不再是可有可无的附加项，而是成为核心竞争力的一部分。尤其在人工智能领域，领导者对人工智能基本原理、应用场景及其潜在影响的深刻理解，不仅是避免盲目跟风或错失先机的关键，更是与技术团队有效沟通、共同制定切实可行人工智能战略的基石。

首先，深刻理解人工智能的基本原理，包括机器学习、深度学习、自然语言处理等核心技术，能够帮助领导者洞察人工智能的内在逻辑与运作机制，避免在决策过程中陷入技术盲区。这种理解不仅有助于领导者评估人工智能项目的可行性，还能在与技术专家交流时，提出更有针对性的问题，推动技术团队在正确的方向上前进。

其次，熟悉人工智能的应用场景及其对业务的潜在影响，是领导者制定人工智能战略的前提。无论是优化内部流程、提升客户体验，还是开发新产品、开拓新市场，人工智能都有可能成为推动变革的关键力量。领导者需要结合企业现状与长远目标，识别哪些业务环节可以通过人工智能技术实现效率提升或成本节约，哪些领域需要人工智能的创新应用来创造差异化优势。只有这样，才能确保人工智能项目的投入产出比，最大化技术的价值。

再次，领导者的技术素养还体现在与技术团队的有效沟通上。技术与业务之间的鸿沟往往是人工智能项目失败的主要原因之一。具备一定技术背景的领导者能够搭建起这两者之间的桥梁，既理解技术团队的挑战与限制，又能清晰传达业务需求与期望，促进双方的深度协作。这种沟通不仅限于项目启动阶段，更贯穿于人工智能应用的全生命周期，从而确保技术方向与业务目标始终保持一致。

综上所述，数智化转型中的领导者必须具备深厚的技术素养，尤其是对人工智能领域的深刻理解，以避免盲目决策或错失机遇，推动企业智能转型、实现技术与业务深度融合。通过与技术团队的紧密合作，共同制定出切实可行的人工智能战略，领导者能够引领企业在人工智能的浪潮中稳步前行，把握住数字化时代的无限可能。

（二）人工智能伦理与领导者的责任：维护公正与透明

在人工智能日益渗透到各行各业的今天，其应用背后潜藏的伦理考量不容忽视。数据隐私的保护、算法偏见的避免、就业市场的冲击等问题，构成了人工智能伦理的核心议题，对社会秩序和公众权益产生了深远影响。作为引领组织前行的舵手，领导者肩负着确保人工智能系统设计与部署遵循公平、透明原则的重大责任，既要避免任何形式的偏见和歧视，又要建立健全的监管机制，维护公众利益和社会正义。

1.数据隐私

在大数据时代，个人信息的收集、存储与分析成为人工智能系统运作的基石。领导者必须确保数据的收集和使用严格遵守相关法律法规，尊重个人隐私权，同时采取加密、匿名化等技术手段，保护数据

安全，防止泄露和滥用。这不仅是一项法律责任，更是企业社会责任的体现，有助于建立用户信任，维护企业声誉。

2. 算法偏见

由于训练数据的不均衡或算法设计的不足，人工智能系统可能会产生对特定群体的不公平对待，如性别、种族、年龄等方面的歧视。领导者应推动建立多元化的数据集，采用公平性测试和修正算法偏差的方法，确保人工智能决策的公正性。同时，加强算法透明度，让用户和监管机构能够理解人工智能决策的依据，增强公众对人工智能技术的信任。

3. 对就业市场的影响

自动化和智能化趋势将改变劳动力需求结构，可能造成部分岗位的消失，但同时也将催生新的职业机会。领导者有责任预见并积极应对这一变化，通过技能培训和职业转型计划，帮助员工适应新技术环境，避免大规模失业带来的社会动荡。同时，倡导共享经济理念，探索更加灵活的工作模式，促进就业市场的健康发展。

4. 建立健全监管机制

领导者应主动参与行业自律组织，推动制定人工智能伦理准则和行业规范，配合政府和第三方机构开展监督审计，确保人工智能技术的健康发展。同时，建立内部审查制度，对人工智能项目进行伦理风险评估，及时纠正不当行为，预防潜在的伦理危机。

总之，人工智能伦理不仅关乎技术本身，更触及社会价值观和道德底线。领导者在推动人工智能技术应用的同时，必须时刻谨记伦理责任，秉持公平、透明的原则，通过建立健全的监管机制，维护公众利益和社会正义，确保人工智能技术的可持续发展，为构建和谐、包容的智能社会贡献力量。

（三）人工智能驱动职场：人才战略与组织适应性

人工智能技术的广泛应用不仅改变了工作流程和业务模式，还对人才需求提出了新的要求。在这样的职场环境中，人才的获取、培养与留任成为企业能否抓住人工智能机遇、实现持续发展的关键所在。领导者必须采取积极措施，构建适应数智化转型的灵活人才管理体系，确保组织结构与员工队伍的动态平衡，为企业的智能化转型提供坚实的人力资源保障。

首先，人工智能技能的引入成为企业人才战略的重中之重。随着人工智能技术的广泛应用，具备数据分析、算法开发、机器学习等专业技能的人才成为市场上的"香饽饽"。领导者应密切关注行业趋势，识别企业人工智能战略所需的关键技能，通过多种渠道引进这些稀缺人才，包括校园招聘、猎头合作、行业交流等，构建一支拥有前沿人工智能技术能力的核心团队，为企业的技术创新和业务拓展奠定基础。

其次，现有员工的技能升级与再教育计划是数智化转型中人才管理的另一个重要方面。自动化和智能化的趋势意味着部分传统岗位的职责将发生转变，甚至可能消失，而新的工作模式和岗位需求将不断

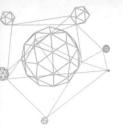

涌现。领导者应认识到，员工的终身学习和技能迭代是适应人工智能职场的关键。通过内部培训、在线课程、工作坊等形式，提供定制化的学习资源，帮助员工掌握与人工智能相关的基础知识和工具，如数据分析、编程基础、机器学习概览等，增强其技术适应性和职业竞争力。同时，鼓励跨部门轮岗和项目参与，促进知识共享和技能多样化，为员工的职业发展提供更广阔的空间。

再次，预见并妥善处理自动化可能导致的岗位调整，是保持组织结构与员工队伍动态平衡的必要步骤。人工智能技术的应用往往伴随着工作流程的优化和效率的提升，但同时也可能引发就业结构的变化。领导者应具备前瞻性视野，通过数据分析和市场调研，预测人工智能技术对岗位需求的影响，制订合理的转型计划。对于可能受到影响的岗位，提前规划再培训和转岗方案，为员工提供职业转型指导和支持，确保他们在数智化转型中能够顺利过渡，避免大规模裁员带来的社会问题和企业形象损害。同时，探索建立更加灵活的用工模式，如远程工作、兼职合同、项目制合作等，以适应人工智能技术带来的工作灵活性和多样性。

综上所述，人工智能驱动的职场对人才管理提出了更高要求。领导者必须将人工智能技能的引入、现有员工的技能升级与再教育，以及岗位调整的妥善处理纳入人才战略的核心，通过灵活的人才政策和前瞻性的规划，确保组织能够顺应人工智能潮流，实现人力资源的优化配置和可持续发展。在这个过程中，领导者的作用不可或缺，他们不仅需要具备对人工智能技术的深刻理解，还要具备卓越的领导力和创新思维，引导企业与员工共同迎接数智化转型中的挑战与机遇。

（四）人工智能融入企业战略：革新商业模式与价值主张

在数智化转型的浪潮中，人工智能已成为企业战略规划中不可或缺的要素。将人工智能融入企业战略，不仅代表着技术层面的升级换代，更是一次商业模式与价值主张的根本性变革。面对人工智能带来的机遇与挑战，领导者必须具备前瞻性视角，洞悉人工智能技术对企业运营模式的潜在影响，识别其在成本节约、效率提升、产品创新等方面的巨大潜力，同时谨慎评估潜在风险，制定灵活多变的战略规划，引领企业稳步迈向智能化的未来。

首先，人工智能技术的成本节约与效率提升效果显著，为企业的精益管理提供了有力支持。通过自动化工作流程、优化资源分配、减少人为错误等方式，人工智能能够显著降低运营成本，提高生产效率。例如，在供应链管理中，人工智能可以预测需求变化，智能调度物流，减少库存积压，降低仓储成本；在客户服务领域，人工智能聊天机器人能够全天候响应客户需求，减轻人力负担，提升客户满意度。这些应用不仅节省了企业的直接成本，还通过提升运营效率，间接增加了企业的盈利能力。

其次，人工智能技术在产品创新与市场扩展方面展现出巨大潜力，为企业创造了新的价值主张。借助人工智能的深度学习和数据分析能力，企业能够洞察消费者行为，精准定位市场需求，开发个性化、智能化的产品和服务。例如，人工智能驱动的推荐系统能够为用户提供高度定制化的内容，增强用户黏性；智能健康监测设备通过分析个人健康数据，提供预防性医疗建议，改善生活质量。这些创新不仅满足

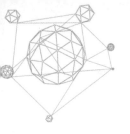

了市场细分领域的需求，还开辟了新的收入来源，增强了企业的市场竞争力。

然而，人工智能融入企业战略的过程中也伴随着潜在风险，如数据安全、隐私保护、伦理道德等问题。领导者必须对此保持警惕，建立健全数据管理和隐私保护机制，确保人工智能应用遵循相关法规和道德准则，避免技术滥用带来的负面影响。同时，考虑到人工智能技术的快速迭代，企业战略规划应保持灵活性，能够根据市场和技术的变化作出及时调整，确保战略目标的可持续性。

综上所述，将人工智能融入企业战略，要求领导者具备前瞻性的视角，既能把握人工智能带来的成本节约、效率提升、产品创新等机遇，也要审慎评估潜在风险，制定灵活的战略规划。通过人工智能技术的深度应用，企业不仅能够实现自身的智能化转型，还能够在商业模式与价值主张上实现革新，引领行业发展趋势，为顾客创造更大价值，为企业赢得竞争优势。在这个过程中，领导者的角色至关重要，他们需要不断学习和适应，成为数智化转型中的领航者，带领企业乘风破浪，驶向成功的彼岸。

（五）领导者在数智化转型中的敏捷性与适应性：构建灵活组织与创新文化

在日新月异的人工智能时代，领导者面临的挑战与机遇并存。人工智能技术的快速发展和广泛应用，不仅改变了市场格局，还对企业的业务模式和运营策略提出了更高的要求。为了在这样一个充满不确定性的环境中保持竞争力，领导者必须培养高度的敏捷性和适应性，具备快速响应市场变化、灵活调整战略的能力。这不仅意味着要建立一个灵活多变的组织架构，还意味着要营造一种鼓励创新、容忍失败、持续学习和改进的企业文化。

首先，构建灵活的组织架构是领导者应对数智化转型中挑战的关键。传统的金字塔形组织结构可能无法适应人工智能技术带来的快速变化，因此，领导者需要推动组织向扁平化、网络化方向转型，减少层级，增强横向沟通，提高决策效率。灵活的组织架构能够促进跨部门协作，加快信息流通，使企业能够迅速捕捉市场动态，及时调整战略方向。此外，通过设立专门的人工智能创新实验室或小组，领导者可以集中资源，快速实验和迭代人工智能项目，探索新的业务增长点。

其次，鼓励创新实验是培养敏捷性和适应性的另一重要方面。在数智化转型中，创新不仅仅是技术层面的突破，更是商业模式、产品设计、客户服务等多维度的革新。领导者应当营造一个开放包容的创新环境，鼓励员工提出新想法，尝试新方法，即使面临失败也不轻易放弃。通过建立快速原型制作和 A/B 测试机制，企业可以低成本、低风险地验证创新概念，不断优化解决方案，最终找到最符合市场需求的业务模式。

再次，容忍合理失败是创新文化中不可或缺的部分。在人工智能领域，技术迭代迅速，没有哪一次尝试能够保证百分之百的成功。领导者应当认识到，失败是通往成功的必经之路，是学习和成长的机会。通过建立失败分享机制，企业可以分析失败原因，总结经验教训，避免重复同样的错误，同时激励团队成员勇于探索未知，敢于承担风险，

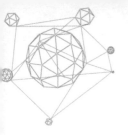

为创新提供肥沃的土壤。

最后，形成持续学习和改进的文化是保持敏捷性和适应性的长久之计。在人工智能技术日新月异的背景下，领导者和员工都需要不断更新知识，掌握最新技能。通过定期举办培训研讨会、在线课程和行业交流，企业可以提升团队的技术素养，增强对人工智能趋势的敏感度。同时，建立反馈循环机制，鼓励员工分享工作中的心得与挑战，促进知识共享和经验积累，使企业能够持续优化流程，提高效率，保持竞争优势。

综上所述，面对数智化转型中的挑战，领导者需具备高度的敏捷性和适应性，通过构建灵活的组织架构、鼓励创新实验、容忍合理失败和形成持续学习的文化，使企业能够快速响应市场变化，灵活调整战略，不断探索新的增长点。在这个过程中，领导者的作用至关重要，他们不仅是变革的推动者，更是文化的塑造者，通过自身的行动和决策，引领企业走向更加智能、灵活和有竞争力的未来。

（六）人工智能赋能决策：数据素养与批判性思维的重要性

在当今数据驱动的时代，人工智能凭借其卓越的数据处理与分析能力，已经成为企业决策过程中的重要助手。人工智能能够从海量数据中迅速提炼出有价值的信息，为领导者提供基于数据的洞察，辅助决策过程，显著提高决策的精准度和效率。然而，要充分发挥人工智能的这一核心优势，领导者不仅需要掌握使用人工智能工具的技能，更要具备深厚的数据素养和批判性思维,深刻理解数据的局限性与偏差,避免盲目依赖算法结果,确保决策的全面性和客观性。

首先,利用人工智能工具进行数据驱动的决策已逐渐成为企业发展的关键路径。这一决策模式要求领导者具备一定的技术知识和数据处理能力。一方面,就技术知识而言,领导者不必成为专业的技术研发人员,但需要了解人工智能的基本原理,知晓常见的人工智能算法,例如机器学习中的分类算法、聚类算法大致是如何运作的,明白它们在不同业务场景下能发挥怎样的作用。同时,也要熟悉当下流行的人工智能工具及其功能特性,像一些知名的数据分析软件、智能预测模型构建工具等,知道如何启动、简单操作这些工具,以便在实际决策场景中有效调用。另一方面,在数据处理能力上,领导者首先要有数据收集意识,能够判断哪些数据对于企业业务决策是有价值的,从海量信息源中精准定位关键数据,比如电商企业领导者需关注产品销量、用户评价、流量来源等数据。

其次,数据素养的培养对于领导者来说至关重要。数据素养不仅涉及对数据的收集和分析能力,更包含了对数据质量、数据伦理和数据安全的深刻理解。领导者需要意识到,数据并非绝对客观,可能受到采集方法、样本选择和算法设计等因素的影响,存在偏差和局限性。因此,在利用人工智能进行决策时,必须考虑到数据的代表性、准确性和时效性,避免基于不完整或有偏见的数据得出错误的结论。

再次,批判性思维是领导者在数智化转型中不可或缺的能力。尽管人工智能能够提供基于数据的决策支持,但领导者不能完全依赖算法的结果。算法模型可能受到训练数据不足、特征选择不当或过拟合

等问题的影响，导致输出结果的偏差。因此，领导者在决策时，应保持批判性思维，对算法结果进行质疑和验证，综合考虑定性分析和直觉判断，确保决策的全面性和合理性。

最后，领导者还应意识到，人工智能决策支持并不意味着决策过程的自动化。人工智能提供的是一种辅助决策的工具，而非替代决策者的角色。领导者需要基于人工智能分析的结果，结合行业经验、市场洞察和个人判断，做出最终的决策。在这一过程中，保持批判性思维，审慎评估人工智能建议的适用性和可行性，是确保决策质量的关键。

综上所述，人工智能在决策支持方面的强大能力为领导者提供了前所未有的机遇，但同时也提出了新的挑战。要充分利用人工智能的优势，领导者必须具备数据素养，理解数据的局限性和偏差，同时培养批判性思维，避免过度依赖算法结果，确保决策的全面性、客观性和有效性。通过将人工智能工具与领导者的专业知识、行业经验和直觉判断相结合，企业可以做出更加明智、精准的决策，把握住数智化转型的机遇，推动企业持续发展。

（七）人工智能项目管理：跨部门协作与企业文化建设

1. 跨部门协作

人工智能项目往往涉及技术、业务、法务等多个领域，每个部门都有其专业优势和视角。技术团队负责人工智能算法的研发和优化，业务部门则需要将人工智能技术与具体业务场景相结合，实现技术的价值最大化，而法务团队则需确保人工智能应用符合法律法规要求，避免潜在的法律风险。领导者应搭建跨部门沟通平台，定期组织协调会议，促进各部门之间的信息共享和资源互补，确保项目进展顺利，目标一致。

2. 信息共享

在传统的企业架构中，各部门往往各自为政，信息流通不畅，这在人工智能项目中尤为致命。人工智能技术的应用依赖于高质量、多维度的数据，而数据的孤岛化会导致算法训练受限，会直接影响人工智能模型的准确性和泛化能力。领导者应推动数据标准化和共享机制的建立，鼓励跨部门数据合作，确保人工智能项目能够获取全面、准确的数据支持，提升决策效率和项目成功率。

3. 营造包容、开放的企业文化

人工智能变革往往伴随着工作方式的转变和技能要求的升级，这可能引发员工的担忧和抵触情绪。领导者应倡导一种学习型文化，鼓励员工接受新知识，掌握人工智能相关技能，同时提供培训和发展机会，帮助员工适应数智化转型中的工作模式。此外，建立一个开放的创新环境，鼓励员工提出人工智能应用的创意和建议，不仅可以激发员工的积极性和创造力，还能促进人工智能项目的创新和优化。

4. 培养团队的集体归属感和使命感

培养团队的集体归属感和使命感，让员工意识到自己是人工智能

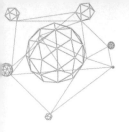

变革的参与者和受益者，而不是旁观者或牺牲品。通过透明的沟通、公平的激励机制和共同的价值观，领导者可以增强团队的凝聚力，促使员工积极投身于人工智能项目的实施，共同为企业智能化转型贡献力量。

人工智能项目的成功实施需要领导者在跨部门协作与企业文化建设等方面发挥关键作用。通过促进不同团队间的紧密合作，打破信息孤岛，营造包容、开放的企业文化，领导者能够确保人工智能项目得到充分支持，顺利推进，最终实现企业智能化转型的目标，塑造智能企业的未来。在这个过程中，领导者不仅是决策者和管理者，更是文化的塑造者和变革的推动者，他们的角色和能力将直接影响人工智能项目乃至整个企业的未来发展。

总而言之，人工智能时代的到来，对领导力的要求产生了深刻的变革，呼唤着兼具技术洞察力、伦理责任感、战略远见和卓越组织协调能力的新型领导者。在人工智能技术迅猛发展的浪潮中，领导者不仅是企业战略的设计师，更是组织变革的催化剂，文化创新的引领者。唯有能够敏锐捕捉趋势、勇于拥抱变革、善于驾驭技术的领导者，才能带领企业乘风破浪，开创更加辉煌的明天。他们不仅需要具备传统领导力的素质，如决策能力、沟通技巧和团队管理等，更要在数智化转型中这一背景下，展现出对技术的深刻理解、对伦理的坚守、对战略的敏锐洞察和对组织文化的塑造能力。这样的领导者，将是推动企业乃至整个社会向智能化、数智化转型的关键力量。

第二章

人工智能对领导力的四大影响

一、数智化转型中的数据驱动决策：挑战与机遇

在数智化转型中，数据如同 21 世纪的石油，成为驱动企业创新和增长的关键资源。人工智能技术的强大之处在于能够处理和分析海量数据，从中挖掘出隐藏的模式、趋势和洞察，为领导者提供基于数据的决策支持。这种数据驱动的决策模式，不仅提高了决策的精准度和效率，减少了主观偏见的影响，还为企业带来了前所未有的竞争优势。

（一）数据驱动决策：领导者必备的分析与判断能力

在数智化转型的浪潮中，数据已成为企业决策的关键驱动力。数据驱动的决策要求领导者不仅要有扎实的数据分析能力，还要具备敏锐的判断力和批判性思维。这意味着，领导者需要深入理解数据的本质，从复杂的数据集中提炼出有价值的模式，洞察数据背后的业务逻辑，并将其准确映射到实际的业务场景中，以支持更精准、更有效的决策制定。

1. 理解数据本质与业务逻辑

领导者首先需要理解数据的本质，即数据不仅是数字和图表的集合，还是企业运营、市场趋势、客户行为等多维度信息的载体。他们需要掌握数据分析的基本工具和方法，如统计分析、数据可视化和预测建模，以便从海量数据中筛选出与业务目标密切相关的信息。同时，领导者还应深入理解业务逻辑，清楚数据与业务场景之间的关联性，能够将抽象的数据转化为具体的业务洞察，为决策提供依据。

2. 识别模式与趋势

在数据驱动的决策过程中，领导者需要从复杂的数据集中识别出有意义的模式和趋势。这要求他们具备模式识别的能力，能够运用数据挖掘和机器学习技术，从看似杂乱无章的数据中发现规律，预测未来走势。例如，在销售数据分析中，领导者应能识别出销售的周期性、季节性波动模式，以及不同产品线的销售趋势，为制定销售策略和库存管理提供指导。

3. 批判性思维与数据验证

数据的真实性和完整性是数据驱动决策的基础。领导者必须具备批判性思维，能够判断数据来源的可靠性，识别数据偏差和潜在的误导信息。他们需要学会验证数据的准确性和一致性，通过交叉验证、数据审计等方法，确保决策依据的数据源是准确、完整的。此外，领导者还应关注数据的时效性和适用性，避免使用过时或不相关的数据做出决策，确保决策的时效性和有效性。

4. 决策制定与执行

最终，数据驱动的决策要求领导者将数据分析的成果转化为实际行动。这涉及决策制定的过程，包括目标设定、方案评估、风险分析和资源分配等。领导者需要根据数据洞察，结合业务目标和市场环境，制定出切实可行的决策方案，并明确决策的预期效果和潜在风险。在执行阶段，领导者应持续监控决策的效果，利用数据反馈进行决策的调整和优化，确保决策能够有效落地，实现预期的业务成果。

总之，数据驱动的决策要求领导者具备深厚的分析能力、敏锐的判断力和批判性思维。他们需要理解数据的本质，识别数据中的模式和趋势，判断数据的真实性和完整性，最终将数据分析的成果转化为实际的决策行动，推动企业向着数据驱动的智能决策模式转型。在这个过程中，领导者不仅需要成为数据的分析者，更需要成为数据的决策者和行动者，引领企业把握数据的力量，实现可持续的业务增长。

（二）人工智能技术在数据驱动决策中的应用：提升效率与精准度

人工智能技术，特别是机器学习算法的广泛应用，正在彻底改变数据驱动决策的方式，使其变得更加高效、精准和前瞻性。通过从历史数据中自动学习模式和规律，人工智能能够预测未来趋势，为领导者提供基于数据的洞察，帮助他们做出更明智、更及时的决策。这种基于人工智能的决策支持在多个业务领域展现出显著的价值，以下两个例子展示了人工智能在供应链管理和人力资源管理中的具体应用。

1. 供应链管理中的人工智能预测与优化

在供应链管理中，人工智能技术的应用显著提升了需求预测的准确性和库存管理的效率。传统的供应链管理往往依赖于历史销售数据和市场趋势分析，但在快速变化的市场环境中，这种方法可能无法及时反映最新的需求变化。人工智能通过集成机器学习算法，能够综合分析历史销售数据、市场趋势、季节性因素、促销活动以及天气预报等多种数据源，预测未来的需求量，从而优化库存水平。

例如，人工智能系统可以识别出特定产品的销售与天气变化之间的相关性，如雨伞销量与降雨概率的关系，从而更准确地预测需求，减少过度库存造成的资金占用和仓储成本，同时避免缺货导致的销售损失。此外，人工智能还能通过实时监控供应链各环节的状态，预测潜在的物流延误或供应商风险，提前调整采购和生产计划，确保供应链的稳定性和灵活性。

2. 人力资源管理中的人工智能分析与预测

在人力资源管理领域，人工智能技术的应用也展现出巨大的潜力。通过分析员工绩效数据、工作行为、满意度调查结果以及行业基准，人工智能能够预测潜在的员工离职风险，帮助组织提前采取措施，提高员工留存率。这种预测性分析不仅基于过去的表现，还考虑了员工的职业发展路径、市场薪酬趋势以及工作环境因素，提供了一个全面的视角。

例如，人工智能可以识别出与员工离职高度相关的因素，如长期加班、缺乏晋升机会、工作与生活不平衡等，从而帮助管理层制定针对性的干预措施，如提供职业发展计划、灵活的工作安排或心理健康支持，以提高员工满意度和忠诚度。此外，人工智能还可以在招聘过程中发挥作用，通过分析求职者的简历和在线行为，预测其与公司文化的匹配度，提高招聘的效率和质量。

综上所述，人工智能技术在数据驱动决策中的应用，为供应链管理和人力资源管理等关键业务领域带来了显著的效益。通过预测未来趋势，优化库存管理，预测员工离职风险，人工智能不仅提升了决策的效率和精准度，还为企业创造了新的价值，增强了其市场竞争力。随着人工智能技术的不断进步和应用场景的拓展，未来数据驱动决策将更加智能化、个性化，为领导者提供更加全面、深入的业务洞察，推动企业实现可持续发展。

（三）平衡数据丰富性与决策时效性

然而，数据驱动的决策也面临着挑战，尤其是在数据丰富性与决策时效性之间的平衡。虽然更多的数据可以提供更全面的视角，但过多的数据也可能导致决策过程变得过于复杂，影响决策的速度。领导者需要掌握数据的"黄金比例"，在保证数据质量的前提下，选择最相关、最有价值的数据集，以实现决策的快速响应。这通常需要依赖于人工智能的数据筛选和预处理能力，以及领导者对业务需求的深刻理解。

数据的丰富性，即决策过程中使用的数据量和种类的广泛程度，固然能够提供更全面的视角，帮助领导者做出基于更广泛信息的决策，但过多的数据也可能延长决策周期，甚至导致决策瘫痪。这是因为分析和解读大量数据所需的计算资源和时间随之增加，决策过程可能会变得过于复杂和漫长。此外，过多的数据还可能引入噪声，即无关紧要或误导性的信息，反而降低了决策的准确性。

与此同时，决策时效性，即决策过程的速度和效率，在快节奏的商业环境中显得尤为重要。快速响应市场变化和客户需求是企业生存和发展的关键。拖延的决策可能导致错过市场机会，增加成本，甚至丧失竞争优势。因此，领导者在追求数据丰富性的同时，也必须确保决策能够在有限的时间内完成，以适应不断变化的业务环境。

为了在保证数据质量的前提下，实现数据驱动决策的快速响应，领导者需要掌握数据的"黄金比例"。这通常需要依赖于人工智能的数据筛选和预处理能力，以及领导者对业务需求的深刻理解。人工智能算法，尤其是机器学习模型，能够自动识别和过滤掉不相关或低质量的数据，同时突出显示关键信息。通过特征选择、数据清洗和降维等技术，人工智能能够帮助领导者从海量数据中快速锁定最重要的数据集，为决策提供关键洞察。同时，领导者需要根据业务目标和决策情境，判断哪些数据对于当前决策是最重要的，这要求领导者不仅要有数据分析能力，还要有深厚的业务知识和市场洞察力，能够识别出哪些数据能够真正推动决策向前发展。

为了实现数据驱动决策的快速响应，领导者可以采取以下策略：①建立数据优先级，基于业务目标和决策需求，为数据集设置优先级，

优先分析和利用最关键的数据；②采用实时数据分析，利用流式数据处理和实时分析技术，确保决策基于最新的数据，提高决策的时效性和相关性；③简化决策流程，优化决策流程，减少不必要的环节，确保决策链路的高效性；④培养数据素养，提升团队的数据分析能力和业务理解能力，确保每个人都能快速解读数据，做出基于数据的决策。

通过上述策略，领导者可以在保证数据质量的前提下，实现数据驱动决策的快速响应，从而在瞬息万变的市场环境中保持竞争力，引领企业稳健前行。掌握数据的"黄金比例"，在数据丰富性与决策时效性之间找到平衡，是数据驱动决策成功的关键。

二、人机协作的团队构建：重塑工作方式与团队结构

随着人工智能技术的飞速发展，工作场所的面貌正在经历一场深刻的变革。人机协作的概念不再仅仅是科幻小说中的设想，而是逐渐成为现实世界中企业团队构建的新常态。在这一趋势下，领导者面临着前所未有的挑战，需要重新思考如何构建团队，以充分发挥人类与机器各自的独特优势，实现协同效应的最大化。

（一）发挥人工智能与人类的互补优势

人工智能技术的崛起，为工作场所带来了前所未有的变革，特别

是在处理那些重复性高、计算密集型的任务方面。人工智能系统的高效性和准确性为人类员工节省了大量宝贵的时间和精力，使得他们能够将注意力转向那些需要人类特有智慧、创造力和情感智能的领域，从而在人机协作的新模式下，实现团队效能的显著提升。

1. 人工智能的高效处理能力

人工智能技术，尤其是基于机器学习的算法，擅长处理大规模数据集，能够以极高的速度和精度分析信息，识别复杂模式，进行预测分析。例如，在金融行业中，人工智能系统可以快速分析交易数据，识别潜在的欺诈行为；或者在医疗领域，人工智能能够帮助医生分析病情，识别疾病的发展趋势，辅助诊断和治疗决策。这种能力不仅提高了工作效率，还减少了人为错误，确保了决策的准确性。

2. 释放人类潜能

通过将重复性和劳动密集型的任务交给人工智能处理，人类员工得以从烦琐的工作中解脱出来，将更多的精力投入到那些需要人类智慧和情感智能的工作中。比如，战略规划需要对市场趋势的深刻理解，创新设计要求独特的创意和审美，而客户关系管理则需要同理心和人际交往能力，这些都是人工智能目前难以替代的。人类员工可以利用人工智能提供的数据洞察，进行更深入的分析，提出创新的解决方案，或者与客户建立更加紧密和个性化的联系，从而提升客户满意度和忠诚度。

3. 人机协作的互补优势

人工智能与人类的互补优势在于，人工智能擅长处理大量数据和执行精确计算，而人类则在理解复杂情境、创造性思维和情感交流方面具有不可替代的优势。领导者应认识到，人工智能的目的是增强人类的能力，而不是取代人类。通过人机协作，团队可以实现"1+1 > 2"的效果，即人工智能的高效处理能力和人类的创新思维和情感智能相结合，共同推动业务创新和流程优化，提升团队的整体效能。

4. 构建人机协作的团队

为了充分发挥人机协作的优势，领导者需要构建一个鼓励合作和创新的团队环境。这包括提供必要的人工智能工具和资源，让员工能够轻松地与人工智能系统协同工作；培养员工的技术素养和软技能，使他们能够有效地与人工智能系统互动，理解人工智能输出的意义，并对其进行批判性评估；以及建立一个开放的沟通渠道，促进知识共享和团队协作，确保每个人都能够为团队的成功贡献自己的力量。

总之，人工智能技术的发展为工作方式带来了革命性的变化，通过人机协作，不仅提升了工作效率，还释放了人类员工的潜能，让他们能够专注于那些真正需要人类智慧的工作。领导者应积极拥抱这一趋势，构建一个人机协同的团队，共同推动企业向更加智能化和高效的方向发展。在这个过程中，领导者的作用至关重要，他们不仅是技术的使用者，更是变革的引领者，通过培养团队的技能，构建合作的文化，确保人工智能技术能够为团队带来最大的价值。

（二）培养员工的技能组合

随着人工智能技术的不断进步，工作场所正在经历一场深刻的变革，人机协作逐渐成为新常态。在这一背景下，员工的技能组合需要进行相应的调整和升级，以适应与人工智能系统协同工作的需求。除了专业技能，软技能的培养变得尤为重要，其中批判性思维、情感智能和创新能力是三个关键领域，它们不仅能够提升员工的个人价值，还能促进团队的整体效能和创新力。

1.批判性思维：评估与决策

在人机协作的环境中，批判性思维成为员工不可或缺的能力。人工智能系统虽然在数据处理和模式识别方面表现出色，但它们的决策过程可能受到数据偏差、算法局限性或外部干扰的影响。员工需要具备批判性思维，能够评估人工智能系统的输出结果，识别潜在的偏差和错误，确保决策的准确性和合理性。这包括理解人工智能算法的工作原理，识别数据质量问题，以及判断人工智能建议的适用性。通过批判性地分析人工智能提供的信息，员工可以做出更加明智的决策，避免盲目跟随人工智能建议可能带来的风险。

2.情感智能：建立深层连接

情感智能，即理解、表达和管理自己及他人情感的能力，在人机协作的环境中显得尤为重要。虽然人工智能在处理逻辑和数据方面表现出色，但在情感交流、同理心和人际互动方面仍然存在局限。员

工的情感智能使他们能够在与客户和同事的互动中建立更深层次的连接，这是人工智能目前尚无法完全替代的领域。通过展示同情心、建立信任和维护良好的人际关系，员工可以提升客户满意度，促进团队合作，增强组织的凝聚力。在人工智能技术日益普及的今天，情感智能成为区分人类与机器的关键能力，也是提升个人和组织竞争力的重要因素。

3.创新能力：推动业务进化

创新能力鼓励员工探索如何更好地利用人工智能技术，推动业务创新和流程优化。在人机协作的环境中，员工不应只被动地接受人工智能提供的解决方案，而应主动思考如何结合人工智能的优势与人类的创造力，开发新的业务模式，优化工作流程，提高效率和客户体验。这需要员工具备跨界思维，能够跨越专业界限，将人工智能技术应用于不同的业务场景，创造出独特的价值。通过持续的创新，员工不仅能够提升个人的专业能力，还能为组织带来持久的竞争优势。

总结而言，在数智化转型中，员工技能的重塑与升级是企业适应未来的关键。批判性思维、情感智能和创新能力不仅能够提升员工的个人价值，还能促进团队的整体效能和创新力。领导者应认识到，投资于员工的软技能培养，不仅能够提高组织的竞争力，还能促进人机协作的和谐发展，为企业的可持续增长奠定坚实的基础。通过建立一个学习型组织，鼓励员工终身学习，企业可以不断适应技术变革，引领行业创新，实现业务的持续繁荣。在这个过程中，领导者的作用至关重要，他们需要成为变革的推动者，为员工提供成长的平台，共同塑造一个充满活力和创新精神的未来工作环境。

（三）构建灵活的组织架构

在人工智能渗透至各个行业领域的今天，企业领导者面临着如何有效促进人机协作，以提升团队效能和创新力的挑战。为了实现这一目标，构建一个更加灵活的组织架构，鼓励跨领域的合作与知识共享，成为关键之举。这种组织架构不仅打破了传统部门壁垒，促进了多学科团队的形成，还体现了对人工智能技术的开放态度，以及对创新和失败的包容，共同构成了推动人机协作持续优化的基石。

1. 打破部门壁垒，构建多学科团队

传统的组织架构往往按照职能划分部门，如销售、市场、研发等，这种结构虽然有利于专业化分工，但同时也形成了部门间的壁垒，限制了信息流动和跨领域合作。在人机协作的新时代，领导者需要打破这些壁垒，创建由具备不同专长的员工组成的多学科团队。这种团队能够围绕共同目标进行协作，促进知识和技能互补，激发创新思维。例如，一个包含数据科学家、软件工程师、产品经理和用户体验设计师的团队，可以更好地利用人工智能技术优化产品功能，提升用户体验。

2. 对人工智能技术的开放态度

组织架构的灵活性还体现在对人工智能技术的开放态度上。领导

者应鼓励团队不断试验和采纳新的人工智能工具，以适应不断变化的业务需求。这意味着企业需要建立一套机制，能够快速评估和整合人工智能解决方案，同时确保这些技术能够与现有的工作流程和团队能力相匹配。通过持续的技术探索，企业不仅能保持在行业内的领先地位，还能激发员工对新技术的兴趣和热情，促进人机协作模式的创新。

3. 建立鼓励创新和容忍失败的文化

在促进人机协作的过程中，建立一种鼓励创新和容忍失败的文化至关重要。创新往往伴随着风险，而失败是创新过程中的自然组成部分。领导者应营造一种环境，让员工敢于尝试新思路，即使失败也能从中学习，而非受到惩罚。这种文化将激发员工的创造力，促进人机协作模式的持续优化，因为员工会更愿意提出和实验新的人工智能应用方案，而不会因为担心失败而畏首畏尾。

4. 促进知识共享与创新氛围

在人机协作成为工作常态的当下，知识共享和创新氛围的形成对于团队的持续成长和成功至关重要。领导者在这一过程中扮演着核心角色，他们需要创造一个开放、包容的环境，鼓励团队成员之间的沟通与合作，促进知识的快速传播，激发创新思维，以适应和引领人工智能技术的不断发展。

5. 鼓励开放沟通，促进知识共享

领导者应积极促进团队内部的开放沟通，构建一个平台，让员工

能够自由分享他们的想法、经验以及遇到的挑战。无论是与人工智能技术相关的难题，还是对工作流程改进的见解，都应该被鼓励分享。这种开放的沟通机制能够打破信息孤岛，加速知识的流动，使团队成员相互学习，共同成长。更重要的是，它能够激发新的创意，促进团队在人机协作方面的创新，找到更高效、更智能的工作方法。

6. 创造创新氛围，激发团队潜能

创新氛围的形成是推动人机协作团队持续进步的催化剂。领导者应该营造一种文化，鼓励员工勇于尝试新事物，即使面对失败也不畏惧。这种文化能够激发团队成员的创造力，促使他们探索人工智能技术的边界，寻找新的应用场景。通过定期举办创新大赛、创意工作坊等活动，领导者可以进一步强化这种氛围，让团队成员在实践中学习，在挑战中成长，不断推动团队向前发展。

7. 定期组织培训，提升技术素养

为了确保团队能够紧跟人工智能技术发展的步伐，领导者还应定期组织专业的培训和工作坊，帮助员工掌握最新的人工智能技术和工具。这不仅包括技术层面的培训，如机器学习算法、自然语言处理、计算机视觉等，也包括如何将这些技术应用于实际工作场景中的指导。通过提升整个团队的技术素养，领导者能够确保团队成员能够有效地与人工智能系统协同工作，利用人工智能技术解决复杂问题，提升工作效率和创新能力。

总之，人机协作的团队构建是一个复杂而多维的过程，需要领导

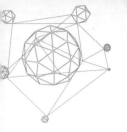

者具备前瞻性的视野和创新的思维。通过发挥人工智能与人类的互补优势，培养员工的技能组合，构建灵活的组织架构，以及促进知识共享与创新氛围的形成，企业可以构建一个高效、创新且适应性强的团队，为未来的挑战做好准备。在数智化转型中，领导者的作用将更加重要，他们不仅是团队的管理者，更是变革的推动者和文化的塑造者，引领着企业向更加智能化、协同化的未来迈进。

三、学习与适应能力的提升

人工智能技术的快速发展要求领导者具备持续学习和快速适应的能力。面对不断变化的技术环境和市场需求，领导者需保持好奇心，主动学习新技术、新理念，以适应人工智能带来的变革。同时，领导者应鼓励组织内的终身学习文化，为员工提供培训和发展机会，帮助他们掌握新技能，适应数智化转型中的工作要求。这种学习与适应能力不仅限于技术层面，还包括对新兴商业模式的理解和对市场趋势的敏感度。

在数智化转型中，技术的快速发展和迭代速度之快，对领导者提出了前所未有的挑战和机遇。面对这一现实，领导者不仅需要掌握基础的技术技能，更重要的是，他们还需要发展一种敏捷学习的心态和能力，以应对不断变化的技术环境。

（一）理解技术趋势的重要性

在当今这个由技术创新驱动的时代，领导者需要拥有超前的洞察力，敏锐地捕捉到技术趋势，并深刻理解这些趋势如何重塑行业格局，影响市场动态。以人工智能、机器学习、区块链、物联网等前沿技术为例，这些技术正以前所未有的速度和规模改变着我们的世界，它们不仅催生了全新的商业模式，还深刻影响了产品开发流程和客户服务体验，为行业带来了前所未有的机遇与挑战。

人工智能和机器学习技术的广泛应用，使得企业能够从海量数据中提取有价值的信息，优化决策过程，提高运营效率。这不仅促进了个性化服务的发展，增强了用户体验，还为企业提供了精细化管理的可能性，帮助它们在激烈的市场竞争中脱颖而出。例如，人工智能在零售业的应用，通过分析消费者的购物习惯和偏好，实现了商品推荐的个性化，极大地提升了转化率和顾客满意度。

区块链技术以其去中心化、透明和不可篡改的特点，正在重新定义金融、供应链管理等多个领域。它不仅提高了交易的安全性和效率，还降低了成本，增强了信任。在金融行业，区块链技术的应用已经改变了传统支付和结算方式，促进了跨境交易的便捷性和安全性；而在供应链管理中，区块链技术的透明度确保了产品的可追溯性，提升了供应链的整体效率和可靠性。

物联网技术则通过连接物理世界与数字世界，实现了设备之间的互联互通，开启了智慧城市的建设，推动了工业 4.0 的发展。无论是智能家居、智能交通系统，还是工业自动化，物联网都发挥了核心作用，

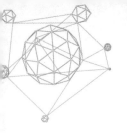

通过收集和分析实时数据，可以优化资源配置，提升生产效率，改善生活质量。

面对这些技术变革，领导者必须具备深度的技术理解，才能准确评估其对企业战略和运营的影响。他们需要思考如何将这些技术融入现有的业务流程，探索创新的商业模式，同时也要警惕潜在的风险，如数据安全、隐私保护、伦理问题等。只有这样，领导者才能制定出前瞻性的战略，引领企业抓住技术变革带来的机遇，规避风险，确保企业在未来的竞争中立于不败之地。

总之，深刻理解并灵活运用新兴技术，已成为现代领导者必备的素质之一。他们不仅要成为技术趋势的观察者，更应是变革的推动者，通过战略规划和创新实践，把握住未来发展的脉搏，引领企业驶向成功的彼岸。

（二）培养终身学习的文化

在人工智能引领的新时代，知识的更新速度达到了前所未有的快节奏，昨日的前沿知识今日可能已成历史，这种现象对传统的学习观念构成了巨大挑战。面对这一现实，领导者肩负起倡导和实践终身学习文化的重任，鼓励团队成员拥抱持续学习的理念，特别是针对那些与最新技术紧密相连的技能。这不仅对个人的职业成长至关重要，同时也是提升组织整体竞争力的制胜法宝。

终身学习文化的核心在于将学习视为职业生涯中不可或缺的一部分，而非一项临时的任务。在人工智能、机器学习、数据分析、云计算等技术飞速发展的背景下，领导者应积极推动建立一个鼓励探索、拥抱新知的工作环境。具体措施包括：构建易于访问的在线学习平台，提供覆盖广泛技能领域的高质量教育资源；设计激励机制，表彰那些积极参与学习并取得显著进步的员工，以此激发团队的学习动力；分配足够的时间和资源，支持员工参加行业研讨会、攻读专业资格认证，甚至开展个人兴趣项目；领导者本人亦应身体力行，成为终身学习的典范，通过分享个人学习历程，讨论面临的挑战和收获，引领团队形成浓厚的学习氛围；鼓励跨部门的知识交流与技能培训，打破信息壁垒，促进团队间的相互学习与合作。

通过上述策略的实施，领导者能够成功构建一个充满活力、持续进化的学习型组织。在这样的组织中，员工的成长与组织的发展同步推进，共同应对未来的挑战，把握住数智化转型中带来的机遇。终身学习文化不仅能够培养出一支适应力强、富有创新精神的团队，还将成为组织最宝贵的无形资产，助力其在激烈的市场竞争中保持领先优势，实现可持续发展。总之，终身学习不仅是个人成长的阶梯，更是组织在数智化转型中保持竞争力的关键。

（三）敏捷学习与适应性

在当今这个由技术革新主导的时代，敏捷学习已成为领导者不可或缺的一项核心能力。敏捷学习，顾名思义，指的是个体或团队在面对快速变化的环境时，能够迅速吸收新知识、掌握新技能或调整行为模式的能力。尤其在不确定性高、变化频繁的情境下，如新技术的涌现，

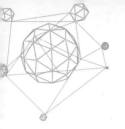

敏捷学习的重要性尤为凸显。领导者若想在瞬息万变的市场中保持竞争优势，就必须具备这种快速适应的能力。

面对人工智能、机器学习、区块链、物联网等前沿技术的冲击，敏捷学习不仅要求领导者能够迅速理解这些技术的基本原理，还要洞察其潜在的应用场景和可能带来的深远影响。这意味着，当一项新技术出现时，领导者需要能够快速评估其对现有业务模式、产品开发流程、客户服务方式乃至整个行业生态的潜在影响，进而做出及时而有效的决策，无论是采纳、融合还是创新，都能迅速响应市场变化，把握先机。

培养敏捷学习能力，领导者首先应保持一颗开放好奇的心，愿意接受新事物，勇于跳出舒适区。其次，要建立一套高效的学习体系，包括定期参加行业研讨会、阅读专业文献、参与在线课程、与同行交流心得等，以保持对最新技术动态的敏感度。领导者还应鼓励团队成员形成学习共同体，通过集体讨论、案例研究等方式，共同探索新技术的应用可能性，提升团队整体的敏捷学习效能。

更重要的是，敏捷学习不应仅停留在理论层面，而应转化为实际行动。领导者需创造一个容错的环境，鼓励团队在实践中学习，通过小规模试点项目测试新技术，即使面临失败也不必过于沮丧，而将其视为宝贵的学习机会。这种"边做边学"的方式，不仅能够加速知识的内化，还能激发团队的创新潜力，为组织带来持续的竞争优势。

总之，敏捷学习是领导者在数智化转型中应对不确定性、把握机遇、推动组织变革的关键能力。通过不断磨砺这项技能，领导者不仅能带领团队快速适应技术变革，还能在复杂多变的商业环境中，引领组织稳健前行，实现长期的繁荣与发展。

（四）跨领域知识整合

在人工智能蓬勃发展的当下，领导者的角色和职责正经历着深刻的转变。以往，领导者或许可以在自己的专业领域内精耕细作，依靠深厚的专业知识来指导决策和管理。然而，数智化转型的到来要求领导者具备更为广阔的视野，即跨领域的思维能力，能够将来自不同学科的知识与技术融合创新，以解决复杂问题，创造前所未有的价值。

跨领域视野的培养，首先意味着领导者需要跳出自己熟悉的领域，主动接触和了解其他行业的最新动态和发展趋势。例如，一个医疗健康行业的领导者，如果能掌握人工智能、大数据分析，甚至是心理学和人机交互设计的相关知识，就能更好地理解如何利用这些技术优化医疗服务流程，提升患者体验，甚至开发出基于人工智能的诊断辅助系统。这种跨学科的融合，往往能激发出传统单一领域难以触及的创新火花。

其次，跨领域视野要求领导者具备将不同领域知识融会贯通的能力。这不仅仅是知识的叠加，更是思维方式的碰撞与重组。领导者应鼓励团队成员打破专业界限，促进跨部门、跨职能的合作，共同探索如何将人工智能、物联网、区块链等新兴技术应用于产品开发、市场策略、客户服务等各个环节。这种跨学科的协同创新，往往能够催生出颠覆性的商业模式，推动组织的转型和升级。

最后，具备跨领域视野的领导者还应关注社会、经济、文化等宏

观层面的变化，理解这些因素如何影响技术的应用和效果。例如，人工智能技术在提升效率的同时，也可能引发就业结构的变化、数据安全和隐私保护的担忧。领导者需要从更宽广的角度审视问题，平衡技术进步与社会责任，确保创新活动既能推动社会发展，又能得到公众的信任和支持。

总之，数智化转型中的领导者应像一个多面手，不仅精通本领域，还能跨越学科边界，将多元知识融会贯通，用以解决复杂问题，引领创新方向。这种跨领域的思维和行动能力，将成为推动组织转型、把握未来机遇的关键。在人工智能的浪潮中，具备跨领域视野的领导者将更能洞察先机，引领组织驶向成功的彼岸。

（五）建立学习网络

在当今这个信息爆炸的时代，领导者要想保持竞争力，就需要不断地学习和吸收新知识，而建立和扩展学习网络成为加速这一过程的有效途径。学习网络不仅仅是一系列联系的集合，它是一个动态的生态系统，其中包含了不同背景和专业领域的人才，如其他行业的专家、学术界的学者、行业内的同行，以及新兴科技公司的创始人。通过与这些个体和团体的互动，领导者可以获得多维度的洞见，拓宽视野，促进个人和组织的持续成长。

与不同行业的专家建立联系，可以让领导者了解到跨领域的发展趋势和创新思路，这种跨界学习有助于激发新的灵感，发现潜在的商业机会。例如，一个医疗健康领域的领导者，通过与信息技术专家的交流，可能会将人工智能和大数据技术应用于疾病预测和个性化治疗方案的开发上，从而推动医疗服务的革新。

学术界的研究人员通常处于知识创新的前沿，他们对理论的深入研究和实验结果能够为领导者提供坚实的科学依据和理论支持。领导者可以通过参加学术会议、讲座或是邀请学者进行内部培训，来获取最新的研究成果，这不仅有助于领导者在决策时有更全面的考量，还能为组织引入前沿的理论框架和研究方法。

与行业内的同行建立紧密的联系，则能够促进最佳实践的分享和行业标准的共识。通过定期的行业聚会、研讨会或在线论坛，领导者可以洞察行业趋势和创新方向，避免闭门造车的局限，同时也能建立互信，为未来的合作奠定基础。

新兴科技公司的创始人往往是创新的源泉，他们对市场的敏锐洞察和对技术的独到应用，能够为领导者提供有关市场趋势和消费者需求的第一手信息。通过与这些创新者的对话，领导者可以学习到如何将新兴技术快速转化为实际产品和服务，以及如何构建敏捷的组织架构来适应快速变化的市场需求。

综上所述，通过构建和维护一个多元化的学习网络，领导者不仅能够加速自己的学习过程，还能为组织注入持续创新的动力。这样的网络不仅提供了最新的行业洞见，还促进了知识和资源的共享，帮助领导者在不断变化的商业环境中保持敏锐的洞察力和决策力，引领组织走向成功。

（六）反思与复盘

在快速变化的时代，领导者持续学习新技能和尝试新技术是保持竞争力的关键。然而，学习本身只是过程的一部分，真正有价值的是从学习中提炼出的经验和教训，以及如何将这些知识转化为行动，避免未来重蹈覆辙。因此，每次学习新技能或尝试新技术后，领导者都应该采取一种系统性的反思和复盘机制，这是深化理解、巩固学习成果、促进个人及组织成长的重要环节。

反思和复盘的过程首先涉及对学习过程的回顾。领导者需要静下心来，仔细思考在学习或尝试新技术的过程中，哪些步骤执行得顺畅，哪些环节遇到了挑战。通过这样的自我评估，领导者可以识别出自己的强项和弱点，理解哪些技能或知识已经掌握，哪些仍需进一步加强。进而，领导者应总结经验与教训，特别注意那些遇到困难或失败的部分。失败是成功之母，从失败中汲取的教训往往比从成功中获得的经验更有价值。领导者应诚实地分析失败的原因，是因为技能不足、准备不够充分，还是因为对技术的理解存在偏差。通过深入剖析，领导者可以清晰地看到问题所在，为今后的学习和实践提供指导。之后，领导者需要思考如何将这次学习的成果应用到实际工作中，以及如何避免再次犯同样的错误。这可能涉及制订具体的行动计划，比如安排更多的实践练习，寻找导师或合作伙伴，或是调整学习方法和节奏。将反思转化为实际行动，是确保学习成果得以巩固和深化的关键。最后，反思和复盘不应该是一个孤立的过程，领导者应当鼓励团队成员也参与到这个过程中来，通过集体讨论分享各自的体会和见解。这种开放式的交流不仅可以促进团队内部的知识共享，还能从不同的视角获得新的启示，进一步丰富和深化团队的集体智慧。

总之，反思和复盘是领导者学习旅程中不可或缺的一环。它不仅有助于深化对新技能和新技术的理解，巩固学习成果，还能促进个人和组织的持续成长，避免重复过去犯过的错误。通过建立和实践这种机制，领导者能够不断提升自己的适应能力和决策水平，引领团队在不断变化的环境中稳步前进。

总而言之，在数智化转型中，领导者面临的最大挑战之一是如何在技术快速迭代的环境中保持竞争力。这要求领导者不仅要成为终身学习者，还要成为敏捷学习者，具备快速适应新技能和新技术的能力。通过培养上述提到的各项能力，领导者不仅能够引领组织顺利度过转型期，还能抓住人工智能带来的无限机遇。

四、伦理与责任的考量

当下人工智能应用所带来的伦理与社会问题越发凸显，成为领导者不可回避的重大课题。人工智能技术的迅猛发展虽然为生产力的提升和创新服务模式开辟了广阔前景，但也引发了诸如数据隐私侵犯、算法偏见、就业市场动荡等一系列复杂的社会伦理挑战。因此，作为推动人工智能技术发展的关键角色，领导者必须承担起维护伦理标准和社会责任的重任，确保人工智能技术的发展既能够促进社会进步，又不会损害公共利益和个体权益。

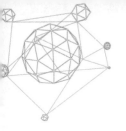

（一）算法公平和透明度

在人工智能迅速发展的当下，算法公平性和透明度已成为衡量技术伦理和社会责任的基石。算法偏见，这一隐匿于数据和代码背后的挑战，若不加以有效管控，将直接导致人工智能系统对特定群体的不公平对待，甚至加剧社会不平等现象。因此，领导者在推动人工智能技术向前迈进的过程中，必须将防止算法偏见和确保决策透明度置于战略的优先位置，通过构建严格的数据审核和算法审计机制，以及采用透明的算法设计，来维护人工智能系统的公正性，增强公众对人工智能技术的信任和接纳。

数据审核是这一过程中的首要环节，旨在确保用于训练人工智能模型的数据集具有多样性和代表性，避免因数据偏差而产生算法偏见。领导者应实施全面的数据多样性检查，确保数据集充分覆盖所有相关的人口统计特征，包括性别、年龄、种族和地域等。同时，利用先进的统计方法和模型进行数据偏差检测，识别并纠正数据不平衡或不公正的表示，通过数据清洗去除噪声、异常值以及可能携带偏见的属性，以减少算法学习错误关联的风险。

算法审计则聚焦于算法设计和决策过程的透明度，确保人工智能系统的决策逻辑清晰可解释，避免任何形式的歧视性输出。领导者应倡导设计可解释的人工智能模型，即使在一定程度上牺牲预测精度，也要保证算法决策过程的可理解性。这包括使用直观的可视化工具，展示算法如何处理输入数据，以及如何生成最终结论。定期进行公平性测试，检查算法在不同群体中的表现一致性，预防任何偏见的滋生。

此外，邀请独立的第三方机构或专家进行算法审查，提供客观的评估报告，进一步提升透明度和公信力。

通过上述机制的实施，领导者不仅能够有效减少算法偏见，还能显著增强公众对人工智能技术的信任。公众看到人工智能系统基于公平、透明的原则运行以后，更倾向于接受并依赖这些技术，这对于人工智能技术的广泛应用和长远发展至关重要。领导者应主动与社会各方沟通，解释人工智能的工作原理，公开算法决策的依据，以及所采取的防止偏见的措施，以此增强公众的参与感和认同感，共同构建一个更加公正、包容的智能社会。

综上所述，领导者在推动人工智能技术进步的同时，必须坚守伦理与责任的底线，通过严格的数据审核和算法审计，以及透明的算法设计，确保人工智能系统的公平性和透明度，防止偏见和歧视的发生。唯有如此，才能真正发挥人工智能技术的潜力，服务于全人类的福祉，促进社会的和谐与进步。

（二）保护个人数据的安全与隐私

保护个人数据的安全与隐私，不仅是人工智能伦理的核心议题，也是构建信任、促进技术健康发展的基石。在当前数字化时代，个人数据如同现代经济的燃料，驱动着大数据和人工智能技术的飞速前进。然而，随之而来的数据滥用和泄露问题，如同暗流般潜藏在数据海洋之下，威胁着个人隐私和信息安全。面对这一挑战，领导者必须将数据安全与隐私保护提升至战略层面，确保每一项技术应用都能尊重个

体权利，遵循法律与伦理准则。

1. 法律法规

以欧盟的《通用数据保护条例》为例，它确立了数据保护的黄金标准，要求企业在收集、处理个人数据时，必须获得明确同意，并赋予数据主体访问、更正、删除其个人信息的权利。领导者应深入了解并严格遵守此类法规，将其内化为企业文化和运营流程的一部分，建立一套完善的数据保护政策，从制度层面筑起第一道防线。

2. 技术手段

加密技术是保障数据安全的关键，通过对敏感信息进行加密处理，即使数据在传输或存储过程中被截获，也能防止未授权访问。此外，匿名化和去标识化技术同样重要，它们能够在不损害数据可用性的前提下，剥离个人信息的直接联系，降低数据泄露带来的风险。领导者应当积极引入并优化这些技术，持续提升数据安全防护能力。

3. 用户教育

企业应向用户清晰地说明数据收集的目的、方式及范围，确保用户对自身数据的使用有充分了解。同时，开展用户教育，提高公众对于数据隐私保护的认识，鼓励用户采取合理措施保护个人信息，形成良好的数据安全意识。

4.行业标准

参与行业标准的制定与更新，推动建立更为广泛和统一的数据保护框架，促进跨地区、跨国界的数据安全合作，共同应对日益复杂的数据保护挑战。通过这些综合措施，不仅可以有效保护个人数据的安全与隐私，还能增强用户对人工智能技术的信心，为数字经济的可持续发展奠定坚实的基础。

（三）人工智能技术对就业市场的影响

人工智能技术的迅猛发展正深刻重塑着全球就业市场的面貌，其对劳动力需求结构的影响不容小觑。一方面，自动化和智能化的浪潮不可避免地淘汰了部分依赖重复性劳动的低技能岗位，引发社会对大规模失业的担忧；另一方面，人工智能技术的普及也为就业市场注入了新的活力，催生了一系列新兴职业，对高技能人才的需求日益增长。面对这一双重效应，领导者肩负着引导就业转型、促进社会稳定与发展的重任。

为了积极应对人工智能带来的就业转型挑战，领导者应将人力资源的再培训与教育提升至战略高度。随着技术的迭代，许多传统岗位的技能要求发生了变化，而新兴职业则需要全新的知识与能力。因此，制订全面的培训计划，提供终身学习的机会，帮助员工掌握数据分析、编程、人工智能应用等技能，是确保劳动力队伍能够适应未来就业市场需求的关键。企业、政府和教育机构应紧密合作，构建多层次、跨

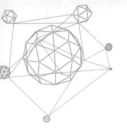

领域的培训体系，为员工提供定制化的学习路径，助力其职业成长与转型。

同时，探索和推广灵活的工作模式，也是保障员工生计和职业发展的必要之举。人工智能技术的应用，尤其是远程工作和项目外包的普及，为劳动力市场带来了更高的灵活性。领导者应积极拥抱这一趋势，通过提供弹性工时、远程办公选项，以及项目制、合同制等多种就业形式，为员工创造更多元的工作机会，平衡工作与生活，满足不同人群的职业需求。这种灵活的工作模式不仅有助于缓解就业压力，还能促进工作与生活的和谐共生，提升员工的幸福感与忠诚度。

此外，领导者还需密切关注社会分化的潜在风险，确保人工智能技术的发展红利能够惠及更广泛的群体。通过政策引导，加大对弱势群体的支持力度，如提供职业咨询、心理辅导等服务，帮助他们克服就业转型中的心理障碍和技能瓶颈，避免社会不平等的加剧。同时，鼓励企业履行社会责任，采取包容性招聘政策，为不同背景的求职者提供平等的就业机会，共同构建一个公平、包容的就业生态。

综上所述，人工智能技术的兴起对就业市场产生了深远影响，既是挑战也是机遇。领导者应采取积极措施，通过培训与教育、探索灵活工作模式、促进社会公平，引领就业市场的转型与升级，确保每一个人都能在数智化转型中找到属于自己的舞台，共同书写社会进步与个人发展的新篇章。

（四）建立一套健全的伦理框架和治理机制

在人工智能引领的科技浪潮中，建立一套全面、健全的伦理框架和治理机制，已成为确保人工智能技术健康、可持续发展的基石。随着人工智能技术的广泛应用，其所触及的伦理、法律和社会问题日益凸显，从数据隐私、算法偏见到就业转型、社会公平，无不考验着人类社会的智慧与良知。因此，领导者在推动人工智能技术进步的同时，必须担当起构建伦理秩序、促进技术善治的历史使命。

1.倡导行业自律

领导者应发挥表率作用，主动参与制定人工智能伦理准则和行业标准，将伦理原则内化为企业文化和战略决策的组成部分，包括确保数据安全与隐私保护、防范算法偏见、促进技术公平性与透明度，以及保障人类价值观在人工智能研发和应用中的核心地位。通过行业自律，树立正面的行业形象，提升公众对人工智能技术的信任度。

2.跨领域合作

领导者应携手政府、学术界、民间组织等多元利益相关者，共同探讨和制定适应人工智能发展的法律法规、伦理规范和技术标准。政府在监管层面的作用不可或缺，应适时出台相关政策，引导人工智能技术的健康发展，防止技术滥用和伦理失范。学术界则负责提供前沿的科研成果和深度的伦理思考，为人工智能技术的发展提供理论支撑和批判视角。民间组织和社会公众的参与，能够确保人工智能技术的

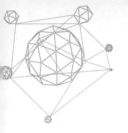

研发和应用更加贴近民众需求，体现社会正义和人文关怀。

3. 形成共识与协同治理

领导者应积极推动构建开放、包容的对话平台，促进各界之间的沟通与合作，共同探讨人工智能技术的边界与底线。这不仅包括技术层面的交流，更重要的是围绕人工智能伦理、法律和社会影响的深入讨论，寻求最大限度的共识。通过协同治理，确保人工智能技术的发展方向与人类社会的长远利益相一致，避免技术成为社会不公和冲突的源头。

4. 培养科技伦理意识

领导者应注重培养下一代的科技伦理意识，将伦理教育纳入教育体系，从小培养孩子们对技术的正确认知和责任感。通过教育的力量，传递正确的科技价值观，为人工智能技术的未来铺设坚实的伦理基石。

总之，人工智能技术的发展既蕴含着巨大的潜力，也伴随着复杂的伦理与社会问题。构建健全的伦理框架和治理机制，是领导者在数智化转型中不可推卸的责任。领导者既要引领技术的进步，也要承担起维护伦理和社会责任的使命，通过构建公平、透明、安全的人工智能应用环境，确保技术的正面力量得以最大化发挥，为构建和谐、包容的智能社会贡献力量。

第三章

数据领导力：驾驭人工智能的决策艺术

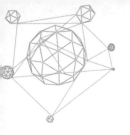

在人工智能蓬勃发展的今天，数据领导力已成为企业竞争力的核心要素。有效的数据领导力不仅要求领导者深刻理解数据的价值和潜能，还意味着其能够熟练运用人工智能工具优化决策过程，以及在组织内部培育一种以数据为中心的工作文化，从而推动企业向着智能化、高效化方向转型。

一、数据分析与决策：人工智能驱动下的新范式

数据分析，作为将原始数据转换为有价值信息的关键过程，不仅是现代企业管理决策的基石，更是连接过去与未来的桥梁。近年来，随着人工智能技术，尤其是机器学习和深度学习算法的迅猛发展，数据分析的能力实现了质的飞跃。

（一）人工智能与数据分析的融合：从海量数据中挖掘洞见

人工智能的引入，尤其是机器学习和深度学习算法，彻底颠覆了传统数据分析的方式。这些技术以惊人的速度处理和分析大规模数据集，自动识别出隐藏在数据背后的复杂模式和关联，揭示出肉眼难以

察觉的洞察，为企业的决策提供了坚实的数据基础。与传统的统计分析方法相比，人工智能算法不仅处理速度更快，还能够处理更为复杂的数据类型，包括但不限于文本、图像、语音等非结构化数据，极大地拓宽了数据分析的领域和深度。人工智能的加入，使得数据分析从一种被动的后知后觉转变为主动的先知先觉，成为企业战略规划的核心组成部分。

（二）预测分析：洞察未来，优化决策

人工智能在预测分析领域的应用尤为突出，它能够将数据转化为预见性的洞察，为企业决策提供强有力的支持。通过对历史数据的深度挖掘，人工智能模型能够学习到数据随时间变化的规律，预测未来的趋势和发展。以零售行业为例，人工智能系统能够通过分析历史销售数据，结合季节性因素、促销活动、市场趋势等多维度变量，精准预测未来的市场需求。这种预测能力对于库存管理至关重要，帮助企业动态调整库存水平，避免因过度积压造成的资金占用或因缺货导致的销售损失，从而实现供应链的高效运转，提高企业的市场响应速度和竞争力。

（三）个性化推荐：提升客户体验与忠诚度

人工智能在个性化推荐系统中的应用，是提升客户满意度和忠诚度的有效途径，也是现代市场营销的重要手段。通过深度分析用户的

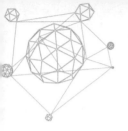

历史行为数据，如购买记录、浏览偏好、点击率等，人工智能算法能够构建精细的用户画像，理解每个用户的独特需求和兴趣。基于这些深度洞察，人工智能系统能够为每位用户生成定制化的推荐列表，无论是商品、文章、音乐，还是视频，都能够精准匹配用户的喜好，提供个性化的体验。这种高度个性化的服务不仅能够显著提升用户满意度，还能增强用户黏性，促进复购行为，为企业创造更高的客户终身价值。更重要的是，它能够帮助企业在激烈的市场竞争中脱颖而出，建立独特的品牌优势。

人工智能驱动的数据分析已经成为现代企业成功的关键驱动力，它不仅能够帮助企业从海量数据中提炼出有价值的信息，还能够通过预测分析和个性化推荐，优化决策流程，提升客户体验，增强品牌忠诚度。然而，要充分利用人工智能的潜力，企业还需注重数据治理，确保数据的质量和安全性，同时培养数据科学人才，构建数据驱动的文化，以实现人工智能与业务的深度融合，推动企业持续创新和增长。在这个数据为王的时代，掌握人工智能数据分析能力的企业无疑将站在竞争的前沿，引领行业的发展潮流，塑造未来商业的新格局。人工智能与数据分析的结合，正以前所未有的力量，推动着现代企业向着更加智能化、个性化、高效化的方向迈进，开启了企业发展的新纪元。

二、人工智能辅助决策的行业实践

人工智能正以前所未有的速度和广度渗透进各行各业，引领着一场深刻的决策范式变革。从金融风控到医疗健康，从零售电商到智能制造，人工智能如同一位聪慧的助手，以其卓越的数据分析能力、模式识别技术和预测算法，为决策者提供前所未有的洞察力和决策支持。人工智能辅助决策不仅能够基于海量数据进行快速分析，揭示潜在的商业机遇和风险，还能通过模拟未来情境，提供精准的预测和建议，帮助企业和个人在瞬息万变的市场环境中做出更明智的选择。

（一）人工智能技术在金融行业的革命：重塑信用评分体系

人工智能技术在信用评分领域的应用，不仅加速了贷款审批流程，还显著提高了风险评估的准确性。通过分析借款人的财务状况、信用历史和消费习惯等多维度数据，人工智能模型能够给出更加客观、全面的信用评级，有效降低了不良贷款率。

在金融行业中，信用评分是金融机构评估借款人信用风险、决定是否发放贷款以及设定利率的基础。传统上，信用评分主要依赖于人工审核和基于规则的评分系统，这种方法虽然直观且易于理解，但在

处理大量数据时效率低下，且容易受到人为偏见的影响，导致评估结果的主观性和不一致性。然而，随着大数据和人工智能技术的兴起，这一局面正在发生根本性的改变。人工智能技术，尤其是机器学习算法，在信用评分领域的应用，不仅极大地提升了贷款审批的速度和准确性，还开创了一种全新的风险管理模式。

人工智能技术的应用显著加速了贷款审批的流程。传统的人工审核方式往往需要数天甚至数周的时间，而人工智能系统能够在几分钟内完成对借款人信息的分析和评分，极大地缩短了审批周期。这不仅提高了金融机构的工作效率，也为借款人提供了更快速的资金获取渠道，特别是在紧急情况下，这种快速响应能力显得尤为重要。人工智能系统的自动化特性还意味着它可以全天候工作，不受时间限制，进一步提升了服务的便捷性和客户满意度。

人工智能技术在风险评估方面的另一个巨大贡献是显著提高了信用评分的准确性。通过整合和分析借款人的财务状况、信用历史、收入稳定性、就业情况、居住状况乃至社交媒体行为等多维度数据，人工智能模型能够构建出一个全面、立体的借款人画像。与传统的评分系统相比，人工智能模型能够捕捉到更多细微且关键的信息，如借款人的消费习惯、还款意愿和能力等，这些因素对于准确评估信用风险至关重要。基于这样的深度分析，人工智能系统能够给出更加客观、全面的信用评级，有效区分不同风险级别的借款人，从而降低不良贷款率，减少金融机构的信贷损失。

人工智能模型的一个重要特征是其自我学习和自我优化的能力。随着时间的推移，人工智能系统能够不断从新的数据中学习，自动调整其评估标准和权重，以适应不断变化的市场环境和风险特征。这意味着人工智能模型能够持续改进其预测性能，保持较高的准确性，即使是在经济波动或信用环境发生变化的情况下。此外，人工智能技术还能够实时监测借款人的信用状态，一旦发现潜在的风险信号，如收入下降、逾期还款等，系统能够立即发出预警，使金融机构能够及时采取措施，防止风险的进一步扩大。

（二）人工智能技术在医疗健康领域的革新：精准医疗与智能诊断

近年来，人工智能技术在医疗健康领域的应用取得了突破性进展，尤其在医疗诊断和个性化治疗方面，正逐步改变着医疗服务的传统面貌，开启了医疗智能化的新篇章。

1. 基于深度学习的图像识别技术

在医学影像分析领域，人工智能技术，特别是基于深度学习的图像识别技术，已经展现出了巨大的潜力和价值。传统上，医生需要凭借丰富的经验和专业知识来解读复杂的 X 光片、CT 扫描和 MRI 图像，这个过程既耗时又容易受主观判断的影响。而现在，人工智能模型通过训练海量的医学影像数据，能够识别出微小的异常变化，甚至是肉眼难以察觉的早期病变迹象，如肺癌的微小结节、心脏病的血管狭窄等，从而辅助医生做出更准确、更及时的诊断。这不仅提高了诊断的准确性和效率，还减轻了医生的工作负担，使得医生能够将更多的精

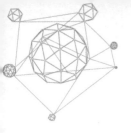

力集中在治疗方案的制定和患者关怀上。

2. 个性化治疗方案的提供

人工智能技术在医疗领域的另一大应用是根据患者的个体差异，提供个性化的治疗方案，推动精准医疗的发展。通过分析患者的基因信息、生理指标、病史记录以及生活习惯等多维度数据，人工智能模型能够构建出患者个人的健康档案，并基于这些信息预测疾病的发展趋势，评估不同治疗方案的效果和副作用，从而推荐最适合患者的治疗路径。例如，在癌症治疗中，人工智能可以分析肿瘤的基因组学特征，帮助医生选择最有效的靶向药物，实现真正的"量体裁衣"式治疗，提高疗效的同时减少副作用。

3. 大数据分析与医疗决策支持

除了图像识别和个性化治疗，人工智能在医疗健康领域的大数据分析能力也日益凸显。医疗机构每天产生大量的临床数据，包括电子病历、实验室检测结果、影像资料等，这些数据蕴含着丰富的信息，但传统的人工分析方法难以充分挖掘其价值。人工智能技术，尤其是机器学习算法，能够从这些海量数据中提取出有价值的洞察，比如疾病的发生规律、流行趋势、风险因素等，为公共卫生政策的制定和疾病的预防控制提供科学依据。此外，人工智能还可以预测患者疾病发展的可能性，提前预警可能发生的并发症，帮助医生和患者做出更明智的医疗决策。

人工智能技术在医疗健康领域的应用，正逐步改变着医疗服务的传统模式，从辅助诊断到个性化治疗，再到大数据分析与决策支持，人工智能正成为医疗工作者的得力助手，推动着精准医疗和智慧医疗的发展。未来，随着人工智能技术的不断成熟和完善，我们有理由相信，医疗健康领域将迎来更加高效、精准、个性化的医疗服务，为人类的健康福祉带来更大的福音。人工智能在医疗领域的应用，不仅提升了医疗服务质量，还促进了医疗资源的合理分配，为构建更加公平、高效的全球医疗体系奠定了坚实的技术基础。

（三）人工智能技术在零售业中的革新应用：智能推荐系统与市场动态监测

在当前激烈的零售市场竞争中，电商平台正积极拥抱人工智能技术，以提升其核心竞争力，尤其是在构建智能推荐系统和实时监测市场动态两大关键领域。人工智能技术的应用不仅显著提高了销售转化率和客户黏性，还为企业提供了灵活应对市场波动的能力，开创了零售业智能化转型的新篇章。

1.构建智能推荐系统：提升销售转化率与客户体验

智能推荐系统是人工智能在零售业中最为直观且成效显著的应用之一。它通过深度分析用户的购物历史、搜索行为、浏览习惯、社交互动等多元数据，精准捕捉用户的潜在需求与偏好。采用协同过滤、内容基础推荐、混合推荐以及深度学习等技术，智能推荐系统能够向用户推送高度个性化的产品建议，不仅有效提升了销售转化率，还极

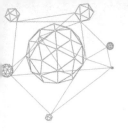

大增强了用户体验和客户忠诚度。这种基于人工智能的个性化服务，让每个用户都能感受到平台的贴心与智能，进而促进复购率的提升和品牌口碑的积累。

2. 实时市场动态监测：优化库存与定价策略

与此同时，人工智能技术在实时监测市场动态方面的应用，为零售企业带来了前所未有的灵活性和响应速度。通过自动跟踪竞争对手的价格变动、消费者情绪分析、供应链状况以及需求预测，人工智能系统帮助企业及时调整库存水平和定价策略，以适应瞬息万变的市场需求。具体而言，人工智能的价格智能模块帮助企业保持市场竞争力；库存优化算法确保供需平衡，避免过度库存或缺货风险；情感分析工具捕捉消费者真实反馈，指导产品和服务的迭代升级；供应链预测功能则增强了企业的抗风险能力；而精准的需求预测模型，则为企业的生产计划和资源调配提供了科学依据。通过这些人工智能驱动的智能决策，零售企业能够更加高效地管理运营，降低运营成本，同时把握住市场机遇，赢得竞争优势。

综上所述，人工智能技术在零售业中的广泛应用，不仅极大地提升了企业的运营效率和盈利能力，还重塑了顾客的购物体验，推动了整个行业向更加个性化、智能化的方向发展。随着人工智能技术的不断进步，我们可以预见，未来零售业将呈现出更为丰富多元的智能化应用场景，为消费者创造更加便捷、个性化和满意的购物体验，同时也为企业开辟出新的增长空间和商业机会。

（四）人工智能对制造业的革命性影响：预测性维护与智能生产

在制造业这一全球经济的基石领域，人工智能技术正以其独特的优势深刻改变着传统的生产模式和维护策略，尤其是在预测性维护方面，展现出巨大的潜力和价值。通过融合大数据分析、机器学习和物联网技术，人工智能在降低设备故障率、减少维修成本、提升生产效率和质量方面发挥了至关重要的作用。

1. 预测性维护：从被动到主动的转变

传统的制造业维护模式往往依赖于定期检查或设备故障后的紧急修复，这种方式不但成本高昂，而且容易导致计划外的停机时间，严重影响生产效率。相比之下，人工智能驱动的预测性维护采用了一种更加前瞻性的策略，通过实时监控设备的运行参数，如温度、振动、压力等，结合历史数据和机器学习算法，能够准确预测设备的健康状态和潜在的故障点。一旦人工智能系统检测到异常信号，便会立即发出预警，通知维护人员采取预防措施，进行必要的检查和维修，从而避免了设备的突然故障和生产中断。

这种从被动响应到主动预防的转变，极大地提高了设备的可用性和可靠性，减少了因故障导致的生产延误，同时也显著降低了维护成本。据估计，通过实施预测性维护，企业可以将维护成本降低10%至40%，并将非计划停机时间减少30%～70%。此外，预测性维护还有助于延长设备的使用寿命，减少资源浪费，促进制造业的可持续发展。

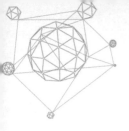

2. 智能生产：优化资源配置与提升效率

除了预测性维护，人工智能在制造业的其他环节也发挥着重要作用。在智能生产领域，人工智能技术能够通过对生产过程的实时监控和数据分析，优化资源配置，提升生产效率和产品质量。例如，人工智能可以通过分析生产数据，识别生产瓶颈，优化生产调度，减少浪费；通过视觉检测技术，实现产品质量的自动检测，提高检测精度和速度；通过智能排产，实现订单的快速响应和定制化生产，满足市场多样化需求。

人工智能在制造业的应用，不仅提升了企业的竞争力，还推动了制造业向智能化、自动化和绿色化方向的转型升级。随着人工智能技术的不断发展和普及，我们可以预见，未来制造业将更加智能、高效和环保，并为全球经济的持续健康发展注入强劲动力。

人工智能在制造业，尤其是预测性维护领域的应用，正引领着一场深刻的工业革命。通过将人工智能技术与制造业深度融合，不仅可以显著提高生产效率和设备管理水平，还可以促进资源的优化配置，实现制造业的高质量发展。未来，随着技术的不断创新和应用场景的拓展，人工智能将继续在制造业中扮演更加重要的角色，推动制造业向着更加智能、高效和可持续的方向迈进。

三、构建数据驱动文化：释放数据与人工智能的无限潜力

要真正释放数据和人工智能的潜力，企业必须超越单纯的技术层面，构建一种以数据为中心的企业文化，确保数据成为决策的基础，人工智能成为创新的引擎。

（一）培训与教育：提升全员数据素养

在数智化转型的时代背景下，数据已成为企业最宝贵的资产之一，而人工智能作为数据价值释放的关键技术，其重要性不言而喻。为了充分发挥数据和人工智能的潜力，企业必须重视员工的数据素养和人工智能应用能力的培养，将其视为推动创新和提升竞争力的核心策略。

1. 全方位的数据与人工智能培训体系

企业应设计并实施一套涵盖从初级到高级的数据分析和人工智能应用培训课程。初级阶段，重点在于普及数据基础知识，包括数据类型、数据采集、数据清洗等基本操作，以及简单的统计分析方法，帮助员工建立起对数据的基本认知和操作能力。中级阶段，引入更复杂的数据分析工具和技术，如 SQL 查询、Excel 高级功能、Python 编程等，让员工能够独立完成数据整理和初步分析任务。高级阶段，则聚焦于

高级分析技巧和人工智能应用，包括机器学习、深度学习、自然语言处理等前沿技术的学习，以及如何将这些技术应用于解决实际业务问题，提升决策的科学性和前瞻性。

2. 数据思维与创新能力的培养

培训不应仅限于技术技能的传授，更重要的是培养员工的数据思维和创新能力。数据思维指的是能够从数据的角度思考问题，理解数据背后的故事，发掘数据的潜在价值，以及如何利用数据驱动决策和优化业务流程。创新能力则是在数据思维的基础上，敢于尝试新方法，勇于挑战现状，通过数据分析和人工智能技术探索未知领域，寻找新的增长点。通过培训，员工将学会如何将抽象的数据转化为具体的洞察，如何运用人工智能技术解决复杂问题，从而激发内在的创新意识和实践能力。

3. 打破数据神秘感，融入日常工作

长期以来，数据和人工智能在很多员工心中可能被视为高深莫测的技术领域，与日常工作的关联度不高。因此，培训的一个重要目标是打破这种神秘感，让员工认识到数据和人工智能并非遥不可及，而是可以切实应用到日常工作中，成为业务增值的有力工具。通过将数据分析和人工智能应用案例融入培训课程，展示它们在实际场景中的应用效果，可以让员工直观感受到数据的力量，激发他们将所学知识转化为实际行动的热情。此外，企业还可以设立数据挑战赛、创新项目小组等形式，鼓励员工在实践中探索数据和人工智能的无限可能，

促进理论与实践的紧密结合。

4.透明度与数据共享：打破信息孤岛

构建统一的数据平台，确保所有部门都能无障碍地访问所需数据，是实现数据驱动决策的前提。通过打破部门间的信息壁垒，企业可以促进数据的开放性和可访问性，鼓励跨部门协作，形成团队合力。这种透明度不仅能够加速决策过程，还能促进知识和最佳实践的共享，为创新提供肥沃的土壤。

（二）决策支持系统：科学化与智能化决策

在当今数据密集型的商业环境中，构建一个统一的数据平台对于企业实现数据驱动决策至关重要。这不仅仅是技术层面的革新，更是企业文化和运营模式的一次深刻转变。通过打破部门间的信息壁垒，确保数据的开放性和可访问性，企业不仅能够加速决策过程，还能促进知识和最佳实践的共享，为创新提供肥沃的土壤。

1.打造统一数据平台：促进数据开放与共享

构建统一的数据平台意味着创建一个中心化的数据仓库，其中存储和整合了来自企业各个部门的数据，无论是财务、销售、生产还是人力资源。这样的平台应该具备强大的数据治理机制，确保数据的质量、安全性和合规性。更重要的是，它应当提供简单易用的界面和工具，使得所有授权的员工都能够无障碍地访问和分析所需的数据。通过这

样的设计，企业可以打破传统上存在的信息孤岛现象，消除部门间的沟通障碍，实现数据资源的有效整合和充分利用。

2. 跨部门协作与团队合力

在一个统一的数据平台上，不同部门的员工可以轻松地共享信息，协同工作。例如，营销部门可以实时查看销售数据，以便更精确地定位目标客户群；研发部门可以根据市场反馈和销售趋势调整产品设计；财务部门则能迅速获得最新的运营数据，进行财务规划和风险评估。这种跨部门的数据交流和协作，不仅能够提高工作效率，减少重复劳动，还能促进各部门之间知识和经验的交流，形成团队合力，共同推动企业目标的实现。

3. 加速决策过程与促进创新

当数据变得透明且易于访问时，决策者能够更快地获取到全面、准确的信息，从而做出更加科学合理的决策。无论是战略规划、市场分析，还是产品开发，数据驱动的决策都更加客观，减少了主观臆断和信息不对称带来的风险。此外，统一的数据平台为创新提供了肥沃的土壤。员工可以基于丰富的数据资源进行实验和探索，发现新的业务机会，提出创新性的解决方案。这种自下而上的创新模式，激发了企业内部的活力，促进了持续改进和业务模式的革新。

（三）投资决策支持工具：数据驱动决策的未来

在数智化转型的浪潮中，企业正面临着前所未有的数据洪流。如何有效地从这些海量数据中提取有价值的信息，将其转化为驱动业务发展的洞察，成为企业管理者面临的重大挑战。投资于先进的决策支持工具和平台，集成大数据分析、人工智能预测等功能，是将数据转化为实际价值的关键步骤。这些系统的应用不仅能够提供实时的数据洞察，帮助管理者基于客观数据做出决策，还能减少人为偏见和错误，大幅提升决策的科学性和效率。

1. 集成大数据分析与人工智能预测功能

决策支持工具的核心在于其强大的数据分析能力，包括但不限于大数据分析、机器学习和人工智能预测。大数据分析能够处理和分析海量、多样化的数据集，从中发现隐藏的模式和趋势。人工智能预测则通过学习历史数据，预测未来可能发生的情况，如市场趋势、客户需求、供应链波动等。这些功能的集成，使得决策支持系统能够提供实时的数据洞察，帮助管理者在瞬息万变的市场环境中迅速做出反应，抓住机遇，规避风险。

2. 减少人为偏见，提升决策的科学性

传统上，决策往往依赖于个人的经验和直觉，这在一定程度上增加了决策的主观性和不确定性。而决策支持系统通过提供客观、量化的数据，减少了人为偏见的影响，使决策过程更加科学和理性。例如，

在产品定价、市场推广等决策中，系统可以基于市场数据、消费者行为分析等信息，提供最优策略建议，避免了因个人偏好或信息不对称导致的决策失误。

3. 从描述性到预测性，再到规范性分析

决策支持系统不仅能够进行描述性分析，即解释过去发生了什么，还能进行预测性分析，预测未来可能发生的情况，甚至进行规范性分析，即在多种可能的未来情景中推荐最佳行动方案。这种从描述性到预测性，再到规范性分析的跃迁，为企业提供了全面的决策视角，使得管理者能够在战略规划和业务运营中做出更加精准和前瞻性的决策。

投资先进的决策支持工具和平台，是企业迈向数据驱动决策新时代的关键一步。通过集成大数据分析、人工智能预测等功能，这些系统不仅提供了实时的数据洞察，还帮助企业减少了决策过程中的主观性和不确定性，提升了决策的科学性和效率。在未来的竞争中，那些能够充分利用数据资源，构建强大决策支持能力的企业，将更有可能把握先机，引领行业发展。数据驱动的决策，正成为企业创新和成长的重要驱动力，开启了一个更加智能、高效的商业未来。

（四）激发数据创新：构建实验文化，推动持续进化

在当今数据驱动的时代，企业要想在竞争中保持领先，就必须不断创新，而创新的源泉之一就是鼓励员工开展数据实验，勇于尝试新的分析方法和人工智能应用。通过建立一个鼓励失败、重视学习的文

化氛围，企业能够激发员工的探索精神，不断优化数据收集、处理和分析的流程，从而发现隐藏在数据背后的洞见。这种持续的改进和创新，不仅能够提升企业的数据处理能力，还能加速新产品的开发和新业务模式的探索，为企业的长期成功奠定坚实的基础。

1. 鼓励数据实验与创新

首先，企业需要明确表达对数据实验和创新的支持态度。这意味着不仅要为员工提供必要的资源和工具，如数据分析软件、人工智能平台、数据集等，还要营造一个安全的环境，允许员工在探索过程中犯错而不必担心受到惩罚。鼓励员工提出大胆的想法，即使这些想法最初看起来不切实际或有风险。通过这样的文化氛围，企业能够激发员工的创造力，促进数据驱动的创新。

2. 优化数据流程与方法

数据实验的过程不仅仅是关于尝试新工具或技术，更重要的是不断优化数据收集、处理和分析的流程。这包括但不限于改进数据采集的方式，确保数据的质量和完整性；探索更高效的数据清洗和预处理方法，减少数据噪声；以及测试不同的分析模型和算法，找到最适合特定业务场景的解决方案。通过持续的优化，企业可以提高数据分析的准确性和效率，从而更快地从数据中获得有价值的洞察。

3. 发现数据洞见，推动业务创新

数据实验的目的在于从数据中发现洞见，而这些洞见往往是推动

业务创新的关键。例如，通过对客户行为数据的深入分析，企业可能发现新的市场细分，或是未被满足的客户需求，从而开发出更具针对性的产品或服务。同样，通过人工智能预测模型，企业可以预见市场趋势，提前布局，抢占先机。数据洞见的发现，不仅能够提升企业的决策能力，还能促进业务模式的创新，为企业带来新的增长点。

综上所述，人工智能辅助决策已悄然成为推动各行业变革的关键力量。从理论研究到应用实践，人工智能辅助决策正以前沿的算法模型、庞大的数据处理能力和精准的预测分析，深刻影响着决策的效率、准确性和创新性。人工智能辅助决策的应用覆盖了广泛的行业领域，但也引发了诸多学术讨论和挑战。首要议题是人工智能决策的透明度与可解释性，即如何保证人工智能系统输出的结果能够被人类理解和信任。其次是数据隐私与伦理问题，如何在利用大数据提升决策效率的同时，保护个人隐私，遵循伦理规范。此外，人工智能辅助决策的长期影响，包括对就业市场、社会结构和人类价值观的潜在改变，也是学术界和业界亟需共同探讨的重要课题。

展望未来，人工智能辅助决策的学术研究将朝着更加精细化、人性化和负责任的方向发展。一方面，技术层面的创新将持续推进，包括开发更加高效、准确和可解释的人工智能算法，构建更加完善的数据治理体系，以及探索人机协作的新模式；另一方面，跨学科的融合将成为趋势，心理学、经济学、社会学等领域的专家将与技术专家合作，共同研究人工智能辅助决策的社会影响，制定相应的政策和规范，确保人工智能技术的健康发展。

第四章

人机协同：打造未来的团队

一、人机协作的理论与实践

（一）互补性

人机协作的核心理念之一是"互补性"，它强调了人类与机器各自独特的能力和局限性，机器在处理重复性高、速度快、精度高的任务及大数据分析方面展现出卓越性能，远超人类的计算和处理极限。比如，计算机能在瞬间筛选并分析海量数据，识别复杂模式，做出精准预测，同时，机器人在制造业的应用，持续作业，保持高度一致性和精确度，大大降低了人为失误的风险。然而，人类在创造性思维、情感理解和复杂决策领域仍占据主导地位，人类能深刻理解社会情境，处理模糊信息，基于道德伦理做出判断，展现创新能力和同理心，这些都是目前技术难以复制的特质。

1. 机器的优势

机器，尤其是现代计算机和自动化设备，在处理大量数据、执行重复性任务以及确保高精度方面展现出了人类难以企及的卓越能力。这些优势主要源自机器的几个核心特性：

（1）数据处理能力

机器的数据处理能力，尤其是基于先进人工智能和机器学习技术的系统，展现出了无与伦比的效率和精准度。这些系统凭借其强大的计算能力和精心优化的算法架构，能够以惊人的速度和规模处理和分析数据，其能力远远超越了人类的认知极限。以深度学习为例，这种技术通过模仿人脑神经网络的结构和功能，能够在短时间内对成千上万张图像进行精确分类和识别，其准确率在许多情况下甚至超过了人类专家的水平。这一成就不仅归功于深度学习模型的强大计算能力，还在于其能够自动从数据中学习特征，无需人工进行特征工程，从而大幅提升了处理效率和识别精度。

在金融领域，机器学习技术被广泛应用于风险评估、交易策略制定和市场趋势预测。通过对历史交易数据、经济指标和新闻文本的大规模分析，机器能够识别出隐藏的模式和规律，帮助金融机构做出更明智的投资决策，同时也为监管机构提供了更有效的风险监控手段。在医疗健康领域，机器学习的应用更是挽救了无数生命。人工智能系统能够快速分析病人的病历、影像资料和基因信息，识别疾病的早期迹象，辅助医生进行精准诊断，为患者提供个性化的治疗方案。此外，机器学习在药物研发、流行病预测和公共卫生管理等方面也发挥了重要作用，加速了医疗科技进步的步伐。

科学研究同样受益于机器的数据处理能力。在天文学、生物学、物理学等众多领域，科学家们面临着处理和分析海量观测数据的挑战。机器学习技术不仅能够快速筛选和归纳数据，还能识别出数据中的复杂模式和异常现象，为科学家们提供宝贵的线索和洞见，推动科学发

现的进程。例如,在粒子物理学中,大型强子对撞机产生的数据量巨大,传统的人工分析方法根本无法应对,而机器学习算法则能够高效地筛选出有价值的物理事件,为理解宇宙的基本规律提供了关键数据支持。

机器的数据处理能力已经成为现代社会不可或缺的驱动力。无论是在商业决策、医疗健康、科学研究还是其他领域,机器都能够从海量数据中提取出有价值的信息,进行模式识别和趋势预测,为人类提供决策支持,推动社会的进步和发展。然而,随着数据量的持续增长和应用场景的不断扩展,如何确保数据的安全性、隐私保护和算法的公平性,成为亟待解决的挑战,需要科技界、政府和全社会共同努力,以确保机器的数据处理能力服务于全人类的福祉。

(2)持续性和一致性

机器的持续性和一致性是其相对于人类劳动力的一大显著优势。与人类不同,机器不会经历疲劳累积,也不会受到情绪波动的影响,这使得它们能够保持长时间的稳定工作状态,展现出令人印象深刻的耐力和可靠性。在制造业中,这一点尤为重要。工业机器人,作为自动化生产线上不可或缺的一员,能够24小时不间断地执行各种任务,如精密装配、焊接、涂装和包装等,且始终保持高度的一致性和准确性。

在汽车制造行业,例如,工业机器人被广泛应用于车身焊接、部件安装和喷漆等环节。这些机器人不仅能够以惊人的速度完成工作,而且每一次操作都能达到设定的精度标准,极大地减少了生产过程中的变异性。相比之下,即使是最熟练的工人,也可能因为身体疲劳或注意力分散而在长时间工作后出现误差,进而影响产品的质量和一致性。工业机器人的引入,不仅显著提高了生产效率,还确保了每一个出厂的产品都能满足严格的质量控制要求，降低了因人为因素导致的质量波动和生产停滞风险，为制造商带来了显著的成本节约和竞争优势。

机器的持续性和一致性还体现在它们对环境的适应性和灵活性上。在恶劣或危险的工作环境中，如高温、有毒气体或放射性区域，人类工作者面临极大的健康风险，而机器人则可以轻松胜任，持续执行任务，无需担心安全问题。这种特性在核设施维护、深海勘探和太空探索等领域尤为重要，机器人能够在极端条件下持续工作，收集宝贵数据，执行复杂任务，为科学研究和技术进步做出了重大贡献。

机器能够长时间保持稳定的工作状态，执行高精度的任务，确保产品质量和生产效率，同时也降低了生产成本和安全风险。随着技术的不断进步，未来的机器人将更加智能、灵活，与人类工作者形成更紧密的协作，共同推动产业升级和经济发展。然而，如何平衡机器与人类的工作关系，确保就业市场的稳定和劳动力的转型，也成为一个值得深思的社会议题。

（3）精确性和可靠性

机器在执行任务时展现出来的精确性和可靠性，是其相对于人类操作员的一大显著优势。在需要极高准确度的领域，如精密测量、复杂计算和精细操作，机器的能力远远超越了人类的生理极限，为各行各业带来了革命性的变化。特别是在医疗领域，手术机器人已经成为现代微创手术的明星，它们能够在医生的操控下，以亚毫米级别的精度执行手术操作，这一精度几乎是人类手眼协调能力所不能及的。这种超高的精度不仅极大地减少了手术过程中可能出现的并发症，降低

了手术风险，还加快了患者的术后恢复速度，提高了生活质量。例如，达·芬奇手术机器人系统，凭借其四臂设计和三维高清视野，能够提供更加精准的切割、缝合和解剖，使复杂的手术变得更为安全和有效。

高精度的测量仪器和传感器设备，能够捕捉到从纳米尺度的物质研究到宇宙深处的天文观测过程中的微小变化，提供精确数据。例如，在粒子物理学中，大型强子对撞机产生的数据需要经过极其精密的测量和分析，才能揭示出基本粒子的性质和相互作用。高精度的传感器能够捕捉到粒子碰撞的瞬间细节，帮助研究人员验证理论预测，推动物理学向前发展。在地球科学领域，高分辨率的遥感卫星和地震探测器，能够实时监测地球表面和地下的细微变化，为灾害预警、环境保护和资源勘探提供了宝贵的科学依据。

机器的高精度和可靠性在医疗健康、科学研究以及其他众多领域都有着不可替代的作用。它们不仅提高了操作的准确性，降低了错误率，还为人类社会带来了巨大的经济效益和社会福祉。然而，随着技术的不断进步，如何保证机器在复杂环境下的稳定性和安全性，以及如何处理由此产生的伦理和法律问题，成为未来发展中需要重点关注的议题。通过持续的技术创新和严格的规范制定，我们有望在确保机器精度和可靠性的同时，促进人机和谐共存，共同推动社会的可持续发展。

（4）适应性和扩展性

机器的适应性和扩展性是其在快速变化的世界中保持竞争力的关键特性。通过软件升级和硬件优化，机器的能力得以不断拓展，使其能够灵活应对各种挑战，满足不断演变的需求。在云计算领域，这一特点尤为突出。云计算平台凭借其虚拟化和分布式计算架构，能够动态调整计算资源，根据实际需求进行弹性伸缩。无论是处理少量数据还是应对大规模的数据洪流，云平台都能确保计算资源的合理分配，为用户提供高效、稳定的计算服务。这种灵活性不仅降低了企业的 IT 成本，还加快了数据处理的速度，提升了业务响应能力。

在机器学习和人工智能领域，模型的适应性和扩展性同样至关重要。随着数据的不断积累和新场景的出现，机器学习模型通过持续训练和优化，能够逐渐适应新类型的数据和复杂的业务场景，不断提升预测精度和决策能力。例如，深度学习模型在接触到新的图像、语音或文本数据时，能够通过反向传播算法自动调整权重参数，学习到新的特征表示，从而在未知数据上保持良好的泛化能力。这种自适应的学习机制使得机器能够在不断变化的环境中持续进化，为用户提供更加个性化的服务和解决方案。

从高性能处理器、大规模存储系统到低延迟网络架构，这些硬件设施的升级换代，不仅提升了单个机器的计算能力和数据处理速度，还增强了整个系统的稳定性和可靠性。例如，采用最新 GPU 和 TPU 技术的服务器集群，能够显著加速深度学习模型的训练和推理过程，为科研和工业应用提供了强大的算力支持。

机器的适应性和扩展性是其能够持续提供高质量服务、应对复杂环境变化的重要保障。通过软件和硬件的协同优化，机器不仅能够处理更大规模、更复杂的数据，还能不断学习和进化，以满足日益增长的业务需求。然而，随着技术的不断进步，如何平衡性能提升与成本控制，以及如何处理数据隐私和安全问题，成为未来发展中需要重点

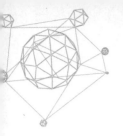

关注的挑战。通过持续的技术创新和合理的资源配置，我们有望在确保机器适应性和扩展性的同时，构建更加安全、高效和可持续的智能生态系统。

（5）成本效益

机器的长期成本效益是其相较于传统人力的一大显著优势，尤其是在大规模生产和长期运营的背景下。虽然购置和部署机器的初期投资可能较为高昂，包括硬件成本、软件开发费用以及可能的定制化服务，但一旦投入运行，机器的长期运行成本却远低于人力资源相关的开支。机器不需要休息、假期、保险、养老金计划或福利待遇，这些通常是雇佣人类员工时不可避免的成本。相反，机器的维护成本和能耗成本相对固定，且在现代化的维护策略下，如预测性维护，可以进一步降低意外停机和维修费用，确保机器的高效运行。

在大规模生产环境中，机器的经济效益尤为明显。自动化生产线和工业机器人能够24/7不间断工作，显著提高了生产效率和产量，同时减少了因人为因素引起的生产波动和错误。例如，汽车制造业中，自动化装配线上的机器人可以精确执行焊接、喷涂和组装等任务，不仅提升了生产速度，还确保了产品的一致性和质量。这种高效率和一致性对于追求规模经济和成本领先战略的企业来说，是提高竞争力的关键要素。

机器的长期运营还能为企业带来额外的经济效益。通过数据分析和机器学习技术，企业可以实时监控生产流程，优化资源分配，减少浪费。例如，智能物流系统能够动态调整库存水平，减少过度储存和缺货风险，从而降低库存成本。在能源管理方面，智能建筑和工厂可以通过自动化控制系统，根据实际需求调节电力消耗，实现节能减排，既节省了能源成本，也有助于企业履行社会责任，提升品牌形象。

尽管机器在长期运行中展现出显著的成本效益，但其成功实施也面临一些挑战。例如，技术更新换代迅速，企业需要持续投资于机器的升级和维护，以保持其性能优势。机器的广泛应用也可能引发就业结构的变化，要求企业采取措施，如员工再培训和职业转型支持，以减轻对劳动力市场的影响。因此，企业在追求机器带来的经济效益时，也需要平衡技术创新与社会责任的关系，确保技术进步惠及更广泛的社会群体，实现可持续发展。

2. 人类的优势

尽管机器在数据处理、重复性任务执行以及高精度操作等方面展现出卓越的能力，但在涉及情感理解、创造性思维和复杂决策的情境中，人类依然占据着不可动摇的地位。人类心智的独特之处在于其能够深入理解复杂的社会情境，这种理解不仅仅是基于事实和数据，更包含了对人类行为动机、文化背景和情感状态的敏锐洞察。在处理模糊信息、解释隐含意义以及进行深层次的推理时，人类的智慧显得尤为珍贵。我们能够识别和理解非言语信号，如面部表情、肢体语言和语调变化，这些都是当前技术水平下的机器难以完全模拟的。

在创造性思维方面，人类的创新能力是机器难以匹敌的。人类能够从看似无关的信息中发现联系，提出新颖的观点和解决方案，这种能力源于我们丰富的想象力、广泛的知识背景和对未知的好奇心。无论是艺术创作、科学研究还是商业创新，人类的创造力都是推动社会

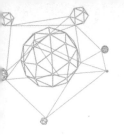

进步和文化繁荣的关键驱动力。艺术作品中的情感表达、科学假设的提出以及商业模式的创新，都需要超越现有框架的思考，而这正是人类思维的强项。

复杂决策和伦理考量同样是人类智慧的体现。在面对道德困境、权衡不同利益相关者的需求时，人类能够基于个人价值观、社会规范和伦理原则作出判断。这种判断不仅仅基于理性的分析，还融入了情感、直觉和对后果的深刻反思。在医疗决策、司法裁决和政策制定等场合，人类的决策往往需要综合考虑法律、道德和情感因素，而不仅仅是数据和逻辑的简单叠加。机器虽然可以在特定领域提供辅助决策，但最终的道德责任和伦理判断仍需由人类承担。

人类在情感理解、创造性思维和复杂决策方面的能力，是当前技术难以完全替代的。我们对社会情境的深刻洞察、对美的感知和对复杂问题的独特视角，构成了人类智慧的宝贵财富。在与机器协同工作的时代，人类的这些优势将变得更加重要，它们不仅是人机协作中不可或缺的部分，也是人类社会持续发展和创新的动力源泉。通过发挥人类独有的能力，我们能够与机器形成互补，共同应对未来的挑战，创造更加美好的世界。

（二）协同效应

人机协作中的协同效应，是一种强大的增益现象，它表明当人类与机器共同工作时，所产生的整体效果远远超过两者独立工作时的总和。这种现象的核心在于智能放大，即人类的判断力与机器的计算能力相结合，能够显著提升问题解决的效率和决策的精准度。在医疗诊断这一典型应用场景中，这一概念得到了生动体现。

在医疗领域，人工智能系统能够快速分析和整合大量的患者病史、症状描述、实验室检测结果以及影像学资料，通过模式识别和数据分析，提出一系列可能的诊断假设。这些假设基于庞大的医疗数据库和复杂的算法模型，覆盖了广泛的疾病谱系和罕见病例，是人类医生难以凭一己之力迅速掌握的。然而，人工智能系统虽擅长数据处理，但在理解病人的具体情况、评估病情的细微差别以及做出最终诊断决策时，仍然存在局限。这时，人类医生的角色就显得至关重要。医生凭借深厚的临床经验和敏锐的直觉，能够综合人工智能系统提供的信息，考虑到病人的生活习惯、家族病史、心理状态等个性化因素，进行综合判断，最终确定最合适的诊断方案。这种人机协作的方式，不仅加速了诊断过程，提高了诊断的准确性，还为患者提供了更加全面和个性化的医疗服务。

协同效应的另一个体现是创新激发。人类的创造力与机器的计算能力相结合，可以激发出前所未有的创新解决方案。在药物研发领域，人工智能技术能够快速筛选化合物，预测分子活性，缩短药物发现周期。而科学家则能基于这些初步结果，运用其专业知识和创新思维，设计实验验证，优化药物配方，最终开发出新型疗法。这种人机协作模式，不仅加速了科研进程，还提高了研究的针对性和成功率。

协同效应还表现在效率提升和工作流程优化上。在制造业中，自动化设备与人类员工协同作业，前者承担重复性高、强度大的任务，后者则专注于质量控制、工艺创新和客户沟通等高层次工作。这种分

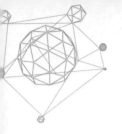

工合作，不仅提高了生产效率，降低了成本，还为员工创造了更有价值和成就感的工作环境。

人机协作的协同效应是推动社会发展和创新的重要力量。通过智能放大、创新激发和效率提升，人类与机器共同创造出了超越个体能力的成果，展现了未来工作模式的无限可能。随着技术的不断进步，人机协作的边界将不断拓展，协同效应也将带来更多的惊喜和突破。

（三）实践案例

在人机协作的实践探索中，智能助手、智能制造和医疗健康领域的应用尤为突出，生动展现了技术如何与人类智慧相辅相成，共创高效、安全与个性化的未来。

1. 智能助手

智能助手，作为现代科技的杰出产物，已悄然融入我们的日常生活和工作，成为不可或缺的伙伴。苹果的 Siri、亚马逊的 Alexa 以及各类企业级聊天机器人，凭借其强大的功能和便捷的使用体验，正在重新定义我们与数字世界交互的方式。这些智能助手不仅能够执行诸如设定闹钟、播放音乐等基本命令，还能够根据用户的明确指令完成更为复杂的任务，如在线预订餐厅、查询航班信息、控制智能家居设备等，展现了无所不能的"贴身助理"形象。

更进一步，智能助手的真正价值在于其个性化服务能力。通过深度学习和数据分析技术，它们能够学习和理解用户的行为模式、偏好和需求，从而提供高度定制化的建议和服务。例如，智能助手可以基于用户的健康数据，如步数、睡眠质量和饮食习惯，提供个性化的健康提醒和健身建议；在工作场景中，它们能够根据用户的工作日程和会议安排，自动优化日程，提醒重要事项，甚至主动推荐高效的工作策略和时间管理技巧，极大地提升了工作效率和个人生产力。

智能助手的个性化服务还体现在其对用户情感状态的理解和响应上。它们能够识别用户的情绪变化，适时提供安慰、鼓励或娱乐内容，成为用户的情感支持系统。在教育和娱乐领域，智能助手能够根据用户的兴趣和学习进度，推荐合适的学习资源和娱乐内容，既满足了用户的需求，又促进了个人成长和休闲放松。

然而，智能助手的发展也伴随着一系列挑战和争议。隐私保护是首要关注点，如何在提供个性化服务的同时，保护用户的个人信息和隐私，避免数据泄露和滥用，是智能助手设计和运营中必须解决的问题。此外，智能助手的智能程度和理解能力仍有待提升，尤其是在处理复杂语境和意图识别方面，有时会出现误解或无法响应的情况，这需要技术的持续创新和优化。

2. 智能制造

智能制造，作为工业 4.0 时代的标志，正以前所未有的速度重塑着全球制造业的格局。在这个领域，工业机器人与人类工人在生产线上协同作业的景象，不仅代表了生产方式的根本转变，更标志着制造业步入了智能化、高效化和安全化的全新阶段。机器人在生产线上的应用，主要集中在那些重复性高、强度大或存在潜在危险的任务上，

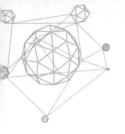

如精密零件的装配、高强度的焊接作业、重型物料的搬运等。通过执行这些任务，机器人不仅极大地提高了生产效率，减少了由于人为因素导致的误差和事故，还显著改善了工作环境的安全性，为人类工人创造了更加健康、舒适的工作条件。

智能系统的实时监控和数据分析能力，是智能制造的另一大亮点。通过嵌入式传感器和物联网技术，智能系统能够实时收集设备运行状态、生产数据和环境参数，利用先进的数据分析算法，对设备的健康状况进行评估，预测潜在的故障，从而实现预防性维护。这种基于数据的预测维护策略，能够显著减少设备故障，避免生产线的非计划性停顿，大幅度降低维护成本，为制造业的平稳运行提供强有力的支持。

机器人与人类工人的协同作业，促进了技能转移和人员能力的升级。在智能化生产线上，人类工人不再局限于执行单调重复的任务，而是转向了更加高级的工艺设计、质量控制和设备维护等工作，提升了工人的技能水平，增加了工作的多样性和挑战性，为他们提供了职业发展的新机遇。同时，人机协同的生产模式，也推动了企业内部知识的共享和创新文化的培育，实现了技术升级与人员发展的双赢局面，为制造业的可持续发展奠定了坚实的基础。

然而，智能制造的推进也伴随着一系列挑战，包括高昂的初始投资、技术人才的短缺、数据安全与隐私保护等问题。为了解决这些问题，企业需要制定长远的战略规划，加大研发投入，培养复合型技术人才，同时建立健全的数据管理和安全体系，确保智能制造的健康发展。通过持续的技术创新和管理优化，智能制造将不断拓展其在制造业中的应用范围，引领行业迈向更加智能、绿色和可持续的未来。

3. 医疗健康行业

医疗健康行业的变革，正随着人工智能技术的飞速发展而步入一个全新的时代。人工智能在医疗领域的应用，不仅极大地提高了医疗服务的效率和准确性，还为患者带来了更加个性化和精准的治疗体验。人工智能辅助诊断系统，作为这一领域的明星应用，能够迅速分析复杂的医学影像，如 X 光片、CT 扫描和 MRI 图像，准确识别肿瘤、骨折、炎症等病灶，辅助医生进行初步筛查和诊断。通过深度学习和图像识别技术，人工智能系统可以分析海量的医学影像数据，学习疾病特征，提高诊断速度和准确性，尤其是在早期疾病检测方面，能够帮助医生及时发现潜在的健康问题，为患者争取宝贵的治疗时间。

在治疗规划方面，人工智能技术同样展现出了巨大的潜力。通过整合患者的基因组信息、详细的病史记录以及最新的医学研究成果，人工智能系统能够为每位患者量身定制个性化的治疗方案。这种基于大数据分析和机器学习的个性化医疗，能够针对患者的个体差异，提供更加精准和有效的治疗建议，避免了"一刀切"的传统治疗方式可能带来的副作用和无效治疗，显著提升了治疗的成功率和患者的生活质量。

远程医疗和可穿戴健康监测设备的兴起，进一步拓宽了人工智能在医疗健康领域的应用边界。借助互联网和移动通信技术，远程医疗平台能够实现医生与患者之间的远程咨询、远程诊断和远程监护，打破了地域限制，使得偏远地区的居民也能享受到高质量的医疗服务。

可穿戴健康监测设备，如智能手表、健康手环和智能眼镜，能够实时收集和分析患者的生理数据，包括心率、血压、血糖水平等，及时预警健康风险，帮助患者和医生实时调整治疗计划，提高了慢性病管理和康复治疗的效果。

然而，人工智能在医疗健康领域的广泛应用也带来了一些挑战，如数据安全和隐私保护、医疗伦理和责任界定、技术的准确性和可靠性等。为了解决这些问题，需要建立完善的数据安全法规，加强医疗数据的加密和匿名化处理，同时推动医疗人工智能技术的标准化和规范化，确保技术的安全性和有效性。此外，加强医患沟通，提高公众对人工智能医疗应用的认识和信任，也是促进人工智能技术在医疗健康领域健康发展的关键。

这些实践案例不仅展示了人机协作在提升效率、安全性和个性化服务方面的巨大潜力，还预示了未来社会将更加依赖于人机协同的智慧生态，共同创造一个更加智能、高效且人性化的世界。

二、培养多元智能的团队

构建多元智能的团队，是实现高效人机协同的关键步骤，这不仅要求团队成员拥有广泛的专业背景，还需致力于个人技能的持续提升，并营造一种开放包容的文化氛围，以促进创新与协作。

（一）跨学科团队的组建

跨学科团队的构建，作为人机协同领域的核心策略，正逐渐成为推动科技创新和解决复杂问题的关键力量。在这样一个多元化的人机协同团队中，各专业领域的专家协同工作，共同推动项目的进展和创新。工程师作为团队的技术骨干，承担着智能系统的设计、开发与维护工作，他们的专业知识确保了技术的稳定性和创新性，为团队提供了坚实的技术支撑。数据科学家则是数据驱动决策的引擎，他们擅长从海量数据中挖掘有价值的信息，运用统计分析和机器学习技术，为团队的决策提供有力的数据支撑，帮助团队洞察趋势，预测未来。

心理学家在人机协同团队中的角色同样不可小觑，他们关注人机交互的心理学原理，致力于优化用户体验，确保技术产品与服务能够更好地满足人类的需求，提高人机交互的友好性和效率。通过深入了解用户的行为模式、认知过程和情感反应，心理学家能够帮助团队设计出更加人性化、易于使用的产品界面和交互流程，提升用户满意度和产品竞争力。

领域专家，无论是医疗、教育、金融还是其他专业领域的专家，他们在团队中的作用是提供行业洞见，确保项目的方向和目标符合行业发展趋势，具有实用性和市场前景。他们的专业知识和行业经验能够帮助团队识别潜在的市场机会，规避行业风险，为项目的成功实施奠定坚实的基础。

跨学科团队的合作模式，通过促进不同领域知识的交叉融合，不仅能够激发创新灵感，还能为复杂问题的解决提供多维度的视角。团

队成员在相互学习和交流的过程中，能够打破专业壁垒，形成互补优势，共同探索未知领域，开发出具有颠覆性的解决方案。例如，在医疗健康领域，工程师、数据科学家、心理学家和医学专家的紧密合作，能够推动精准医疗、智能诊断系统和远程医疗平台的发展，为患者提供更加个性化、高效和便捷的医疗服务。

然而，跨学科团队的构建和运作存在沟通障碍、知识壁垒、利益冲突等问题。团队需要建立一套有效的沟通机制，促进知识共享和文化融合，设立明确的目标和角色定位，确保团队成员能够围绕共同的愿景协同工作。通过持续的团队建设活动和跨学科培训，提高团队成员的协作意识，跨学科团队将能够发挥出更大的潜力，成为推动科技进步和社会发展的强大动力。

（二）技能提升

在智能技术迅猛发展的今天，技能提升对于团队成员而言，已经不再是选择题，而是必答题。随着人机协同的深入融合，员工不仅需要掌握传统职业技能，更需要不断学习和适应新技术，以确保能够有效地与智能系统协同工作，推动项目和业务的创新与发展。在这个过程中，掌握数据分析方法和理解算法逻辑成为关键技能，因为数据驱动的洞察正逐渐成为决策制定的重要依据。

数据分析方法的学习，使员工能够从海量数据中提炼出有价值的信息，通过数据可视化、统计分析和预测建模等手段，揭示业务趋势，识别潜在问题，为决策提供科学依据。而对算法逻辑的理解，则有助于员工更好地解读智能系统的工作原理，理解其背后的决策机制，从而在使用智能工具时能够更加得心应手，避免盲目依赖，提升决策的准确性和效率。

除了技术技能的提升，伦理规范的学习同样不容忽视。在数据密集型的智能时代，处理敏感信息、制定公平算法、确保数据安全与隐私保护等伦理问题日益凸显，这对员工的职业操守提出了更高要求。员工需要了解并遵守相关的法律法规，掌握数据伦理原则，如最小化数据收集、确保数据安全、保护个人隐私、避免算法偏见等，以确保技术应用的道德性和公正性，避免因不当使用数据或算法而引发的法律风险和社会争议。

定期的培训和实践是提升员工技能的有效途径。企业应定期组织技能培训课程，涵盖数据分析、算法逻辑、数据伦理等内容，邀请行业专家和内部导师进行授课，提供实践机会，让员工在实际工作中运用所学知识，不断巩固和深化理解。同时，构建一个鼓励学习和创新的企业文化，为员工提供持续学习和成长的空间，激励他们主动探索新技术，成为既懂技术又善用智能工具的复合型人才。

通过技能提升，员工不仅能更好地适应智能时代的工作需求，还能在人机协同的浪潮中发挥更大价值，为企业和社会创造更多创新成果。未来，终身学习将成为职业发展的新常态，而具备跨领域知识和技能的复合型人才，将成为推动社会进步的关键力量。

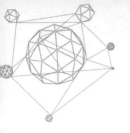

（三）文化变革

文化变革是激发创新、促进协作和实现技术融合的催化剂，也是构建适应智能时代工作环境的关键。组织应当积极倡导一种开放、包容和鼓励创新的企业文化，为团队成员搭建一个自由表达观点、敢于尝试新思路的平台。在这样的文化氛围中，跨部门交流被视为常态，不同背景、专业和技能的团队成员被鼓励进行深度对话，分享各自领域的知识和见解，共同探索人机协作的无限可能。这种跨部门交流不仅促进了知识的交叉融合，还激发了创新灵感，为解决复杂问题提供了多维度的视角，推动了智能系统的设计更加人性化，功能更加智能，应用更加广泛。

在探索未知领域和尝试新技术的过程中，遇到挫折和失败是在所难免的。健康的企业文化应当认识到，失败是学习和成长的机会，而不是耻辱的标签。团队成员应该被鼓励勇于尝试，即便面临挑战和失败，也能够从中汲取宝贵的经验教训，不断迭代优化，直至实现技术突破。这种文化鼓励持续改进和创新，为团队成员提供了一个安全的试验场，让他们能够在没有恐惧和压力的环境中自由探索，最终推动人机协同的突破性进展。

基于此，组织应建立一个互相尊重的工作环境，领导者率先展示对团队成员的信任和尊重，鼓励开放沟通和诚实反馈；投资于员工的持续教育，提供培训资源，鼓励对跨学科知识的学习，促进团队成员技能的多元化；建立激励机制，认可和奖励那些勇于尝试新方法、提出创新解决方案的团队成员，即使这些尝试最终未能取得预期成果；

促进跨部门合作，打破部门壁垒，促进不同团队之间的交流与合作，鼓励知识共享和联合项目，共同探索人机协同的潜力。

组织构建有利于人机协同深入发展的创新文化，为团队成员提供一个充满活力、支持性和包容性的工作环境，激发他们的潜能，推动组织在智能时代取得持续的竞争优势。在这一过程中，文化变革不仅推动了技术创新，还促进了组织的可持续发展。培养多元智能的团队，不仅需要跨学科人才的深度融合，员工技能的持续升级，更需要一种支持创新与协作的文化土壤。只有这样，才能充分发挥人机协同的潜力，引领团队走向更加智能、高效和创新的未来。

三、人机协作的未来趋势

展望人机协作的未来，我们预见了一系列激动人心的发展趋势，这些趋势将深刻改变我们的工作方式、生活方式乃至我们对自身能力的认知边界。智能增强、自主性提升、伦理与隐私的考量、无缝集成以及协同设计，构成了这一未来图景的五大支柱。

（一）智能增强

智能增强，作为人机协作领域的一个前沿方向，正引领着一场深刻的变革，预示着人工智能技术将在人类的认知、体力和情感智能方面发挥前所未有的作用，推动人类能力的全方位提升。在认知增强领

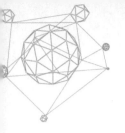

域，人工智能技术正成为人类智慧的有力延伸，通过深度学习和大数据分析，能够为决策者提供即时的洞察和预测，极大地提升了决策的效率和准确性。例如，在金融领域，人工智能系统能够快速分析市场动态，预测股票走势，为投资者提供精准的投资建议；在医疗健康领域，人工智能辅助诊断系统能够识别影像中的微小异常，辅助医生进行早期疾病筛查，提高诊断的准确性和及时性。这些应用不仅加快了问题解决的速度，还为人类提供了更广阔的认知视野，助力解决复杂问题。

体力增强方面，机器人技术和外骨骼装备的结合，正逐渐改变人类的劳动方式，特别是在重体力劳动和高风险作业领域。外骨骼装备通过增强人体肌肉力量，减轻负担，使得劳动者能够轻松完成原本繁重的工作，不仅显著提高了工作效率，还降低了工作伤害的风险。在建筑工地、矿山开采、物流仓储等行业，机器人与外骨骼装备的使用，不仅帮助人类完成了高强度的体力劳动，还延长了劳动者的职业生涯，为老龄社会的劳动力问题提供了创新解决方案。在灾难救援等特殊环境下，机器人技术的应用更是发挥了关键作用，它们能够在人类难以进入的危险区域进行搜索和救援，极大地提高了救援效率和安全性。

情感智能的提升，标志着人机交互向着更加人性化、情感化的方向发展。人工智能系统通过学习人类的情感表达，能够更加细腻地理解人类的情感状态，提供个性化的心理支持和社交互动。在心理健康领域，人工智能聊天机器人能够倾听用户的心声，提供情绪安抚和心理疏导，缓解焦虑和抑郁情绪；在教育领域，智能教学助手能够根据学生的情感反馈调整教学策略，创造更加愉悦和高效的学习体验。这些应用不仅加深了人机之间的情感连接，还为人类提供了情感支持和社交陪伴，提升了生活的幸福感和满足感。

　　智能增强的未来，是一个充满无限可能的领域，它不仅将推动人类能力的全面升级，还将深刻改变我们的工作方式、生活方式乃至我们对自身能力的认知边界。随着技术的不断进步，智能增强将更加深入地融入人类社会的各个角落，为人类带来更加智能、高效和人性化的生活体验。然而，智能增强的发展也面临着一系列挑战，如隐私保护、伦理道德、技术安全等，需要社会各界共同努力，确保技术的健康发展，使之真正服务于人类的福祉。

（二）自主性提升

　　自主性提升，作为机器学习和人工智能领域的一个重要发展方向，正引领着智能系统从被动执行指令向主动学习、决策和优化的转变。这一转变的核心在于赋予智能系统更高的自主决策能力，使其能够在复杂多变的环境中自我适应、自我学习和自我优化，从而减少对外部指令的依赖，实现更加智能、灵活和高效的运行状态。

　　在自动驾驶汽车领域，自主性提升的表现尤为突出。未来的自动驾驶车辆将不再仅仅依赖预设的路线规划和传感器数据，而是能够实时分析交通状况、天气条件和其他车辆的行为，自主做出驾驶决策，如调整车速、选择最优路线和避让障碍物。这种高度的自主性不仅提高了行车的安全性和舒适度，还极大地提升了交通效率，为用户提供了前所未有的便捷出行体验。

　　智能家居系统同样受益于自主性提升。未来的智能家居将能够根

据用户的习惯和偏好，自动调整室内环境，如温度、照明和声音，创造个性化的居住体验。例如，智能恒温器能够学习用户的作息时间，自动调节室内温度，确保用户在早晨醒来时房间温暖宜人，晚上休息时则保持凉爽宁静。智能冰箱则能够跟踪食物库存，自动下单补货，避免食物短缺或过期。这种智能化的家居环境，不仅简化了日常操作，还提升了居住的舒适度和便利性。

在工业自动化领域，自主性提升意味着生产系统的自我优化和故障预测能力的增强。未来的智能工厂将能够实时监测设备状态，预测潜在故障，自动调整生产计划，以减少停机时间和维护成本。机器人和自动化设备将能够自主完成复杂的装配和检测任务，根据生产需求动态调整工作流程，实现高度的生产灵活性和效率。这种自主性不仅提高了生产质量和效率，还为制造业的转型升级提供了强大的技术支持。

自主性提升的背后，是深度学习、强化学习和迁移学习等先进技术的广泛应用。这些技术使得智能系统能够从大量数据中学习规律，模仿人类的决策过程，不断提高决策的准确性和效率。然而，自主性提升也带来了一系列挑战，如数据安全、隐私保护、伦理道德和法律责任等，需要在技术发展的同时，建立健全法律法规和伦理准则，确保智能系统的自主性提升能够真正造福于人类社会，促进社会的可持续发展。

总之，自主性提升是智能系统发展的必然趋势，它将推动自动驾驶、智能家居和工业自动化等领域进入一个全新的发展阶段，为用户带来更加智能、便捷和安全的体验。随着技术的不断进步，自主性提升的智能系统将成为未来社会的重要基础设施，为人类社会的数智化转型和智能化升级提供强大的支撑。然而，这一过程中也伴随着诸多挑战，需要社会各界共同努力，确保技术的健康发展，使之真正服务于人类的福祉。

（三）伦理与隐私议题

随着人机协作的不断深化，伦理与隐私议题正逐渐成为社会关注的焦点。智能科技的广泛应用，虽然极大地便利了人们的生活和工作，但也引发了关于个人数据安全、隐私保护和道德责任的深刻讨论。在享受科技带来的便利之时，如何平衡技术发展与个人隐私权益，确保技术使用的道德性，成为亟待解决的关键问题。

保护个人数据安全是维护用户隐私的第一道防线。在人机协作的场景中，智能系统往往需要收集和处理大量的个人数据，如健康信息、地理位置、消费习惯等，以提供个性化服务。然而，数据泄露、非法访问和滥用的风险也随之增加。因此，建立透明的数据使用政策，明确告知用户数据收集的目的、范围和使用方式，是赢得用户信任的基础。企业应严格遵守数据保护法规，如欧盟的《通用数据保护条例》，实施最小化数据收集原则，只收集完成服务所必需的信息，并确保数据的准确性和时效性。

强化加密技术是保障数据安全的重要手段。采用端到端加密、数据脱敏和匿名化处理等技术，可以有效防止数据在传输和存储过程中的泄露和篡改。此外，区块链技术的分布式账本和加密算法，为数据

安全提供了新的解决方案，能够确保数据的不可篡改性和可追溯性，增强用户对数据安全的信心。

制定伦理指导原则是确保技术道德使用的基石。随着智能科技的深入应用，如何避免算法偏见、保护弱势群体权益、确保技术的公平性和透明度，成为伦理考量的重点。制定伦理准则，如公平性、透明度、可问责性和尊重人权，能够引导科技企业和开发者在设计和应用智能系统时，充分考虑伦理和社会影响，避免技术滥用和不当行为。此外，建立伦理审查委员会，对智能系统进行定期审计和评估，确保其符合伦理标准和法律法规要求，是保障技术健康发展的重要措施。

在人机协作的未来，伦理与隐私的议题将更加凸显。建立透明的数据使用政策、强化加密技术和制定伦理指导原则，是构建健康、安全和可持续的人机协作生态的关键。同时，加强公众教育，提高人们的隐私意识和数据素养，也是推动智能科技良性发展的必要条件。只有在技术发展与伦理责任并重的前提下，人机协作才能真正服务于人类社会的福祉，推动社会的和谐与进步。通过持续的努力和创新，我们有理由相信，智能科技将为人类带来更加智能、安全和人性化的未来。

（四）无缝集成

无缝集成，作为未来人机交互的发展趋势，正引领着人机界面从传统的屏幕和键盘向更加直观、自然的交互方式转变。随着生物传感器、脑机接口等无缝集成技术的不断成熟，人机交互的界限正逐渐模糊，朝着身心合一的方向迈进，为用户提供了前所未有的沉浸式体验。

生物传感器，作为实现无缝集成的关键技术之一，能够实时监测和解读人体的生理信号，如心率、呼吸频率、肌肉活动和脑电波等。这些传感器通常以小型、便携的形式集成在智能穿戴设备中，如智能手表、健康手环和智能眼镜，能够连续监测用户的身体状况，提供健康管理和运动指导。更进一步，生物传感器还可以用于情感识别，通过分析面部表情、语音音调和身体姿态，识别用户的情绪状态，为提供个性化服务和心理支持奠定了基础。

脑机接口技术，作为人机交互的前沿领域，正致力于实现人脑与外部设备的直接连接。通过植入式或非植入式的脑机接口，可以直接读取大脑信号，将用户的意念转化为具体的行动指令，如控制轮椅、假肢和计算机等。这种直接的脑机交互，不仅为残疾人提供了新的行动自由，还为游戏、虚拟现实和增强现实等领域带来了革命性的交互方式。用户能够通过意念控制虚拟环境中的对象，实现与数字世界的无缝对接，创造了前所未有的沉浸式体验。

皮肤接触传感技术，作为无缝集成的另一种表现形式，通过集成在衣物、家具或环境中的触觉传感器，能够感知温度、湿度、压力等环境变化，为用户提供实时的反馈和信息。例如，智能服装能够监测用户的身体温度和汗液分泌，自动调节保暖层的厚度，保持舒适的体感温度；智能床垫能够监测用户的睡眠姿势和翻身次数，提供个性化的睡眠建议。这种基于皮肤接触的交互方式，使得人机界面更加自然和无感，实现了与外部世界的无缝对接。

无缝集成的未来，是一个充满无限可能的世界，它将彻底改变我

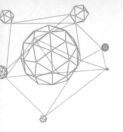

们与智能设备的交互方式，为人机协作开辟了新的疆域。然而，这一发展也伴随着隐私保护、数据安全和伦理道德等方面的挑战，需要在技术创新的同时，建立健全法律法规和伦理准则，确保无缝集成的健康发展，使之真正服务于人类的福祉。通过持续的努力和创新，我们有理由相信，无缝集成将为人类带来更加智能、高效和人性化的未来，推动社会的数智化转型和智能化升级。

（五）协同设计

协同设计，作为创意产业和产品开发领域的一项新兴趋势，正引领着设计流程向更加智能、高效和创新的方向发展。这一模式，通过人工智能技术与人类设计师的密切合作，实现了创意的深度融合，推动了设计领域的革命性突破。

人工智能在协同设计中的角色，主要体现在对市场趋势的精准把握和对用户偏好的深度洞察上。通过分析海量的市场数据、社交媒体动态和消费者行为，人工智能系统能够识别出潜在的设计趋势和用户需求，为设计师提供宝贵的创意灵感和决策支持。例如，在时尚设计领域，人工智能能够分析时装周的流行元素、社交媒体上的时尚话题和电商平台的销售数据，预测下一季的流行趋势，帮助设计师把握市场脉搏，设计出符合消费者喜好的产品。在产品开发领域，人工智能通过分析用户反馈、竞品分析和专利文献，能够识别出潜在的创新点，为产品设计提供新的思路和方向。

人类设计师在协同设计中的作用，是将人工智能提供的数据洞察转化为富有创意和情感的设计作品。设计师凭借其独特的艺术审美、文化理解和情感共鸣，能够赋予作品灵魂，创造出触动人心的设计。在这一过程中，设计师不仅需要具备扎实的设计技能和创意思维，还需要学会与人工智能技术进行有效协作，理解人工智能提供的数据和建议，将其转化为具体的设计概念和方案。设计师与人工智能的协同工作，不仅能够提升设计的效率和质量，还能够丰富设计的多样性，创造出既有市场洞察又有人文关怀的创新作品。

协同设计的未来，是一个充满无限可能的领域，它将深刻改变创意产业和产品开发的模式，推动设计领域的持续创新。然而，协同设计的发展也面临着一系列挑战，如如何平衡人机角色、如何保护设计师的创意产权、如何确保设计的原创性和道德性等，需要在技术发展的同时，建立健全的行业规范和法律法规，确保协同设计的健康发展，使之真正服务于人类社会的福祉。

通过持续的努力和创新，我们有理由相信，协同设计将为人类带来更加智能、高效和人性化的未来，推动社会的数智化升级。在这一过程中，人类设计师与人工智能技术的紧密结合，将创造出前所未有的设计作品，丰富人类的精神世界，提升社会的文化品位，为人类社会的进步和发展注入新的活力。

综上所述，人机协作的未来充满了无限可能，从智能增强到无缝集成，每一项趋势都指向了一个更加智能、高效且人性化的世界。然而，这一切的美好愿景，都离不开对伦理、隐私的深刻思考和妥善应对。只有在技术发展与人文关怀并重的基础上，人机协作才能真正引领我们走向更加美好的未来。

第五章

持续学习与适应能力

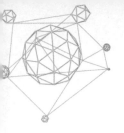

在数智化转型中，持续学习与适应能力已成为个人和组织生存与发展的关键。随着技术的飞速进步和市场环境的不断变化，具备快速学习和适应新情况的能力，对于保持竞争力至关重要。

一、数智化转型中的学习方法

（一）数据驱动学习

在数智化转型中，数据驱动学习已成为个人和组织实现成长与发展的核心策略。数据，被誉为新时代的石油，蕴含着巨大的价值和潜力，而掌握数据分析与解读能力，便成为解锁这一宝藏的关键钥匙。通过数据驱动的学习方法，个人和组织能够从浩瀚的数据海洋中提炼出有价值的信息，为决策提供坚实依据，同时，也能够发现新的学习路径和机会，推动个人技能的提升和组织的创新。

在企业层面，数据驱动的学习方法为管理者提供了前所未有的洞察力。通过对销售数据、市场趋势、消费者行为等多维度数据的深入分析，企业能够精准把握市场动态，优化产品策略，提高运营效率。例如，通过分析消费者购买记录和反馈，企业可以了解产品受欢迎程度、顾客需求变化，从而调整产品设计，提升用户体验。在人力资源管理中，通过分析员工绩效、培训效果、离职率等数据，企业能够识别员工发展的瓶颈，制定更有针对性的培训计划和激励机制，激发员工潜力，提升团队整体效能。

对于个人而言，数据驱动的学习方法掀开了个性化学习的新篇章。人工智能技术能够根据个人的学习历史、兴趣爱好和能力水平，推荐最适合的学习资源和路径，实现学习的定制化。例如，通过分析学习者的学习进度和答题记录，人工智能系统能够识别学习者的薄弱环节，推送相应的复习材料和练习题目，加速技能掌握，提高学习效率。此外，个人还可以通过分析行业动态和个人兴趣领域的最新发展，及时掌握新知识和技能，为职业发展开拓新路径。

数据驱动的学习方法不仅能够推动个人成长和组织发展，还能够帮助发现新的学习机会和业务机遇。通过对行业趋势、市场缺口、竞争对手策略的深入分析，企业能够识别潜在的增长点，开发新产品或服务，抢占市场先机。个人也可以通过持续关注行业动态，发现新兴领域，学习前沿技能，为职业生涯增添新动力。

实现数据驱动学习，需要掌握一系列技术和工具，包括数据分析软件（如 Python、R、SQL）、数据可视化工具（如 Tableau、Power BI）、机器学习框架（如 TensorFlow、PyTorch）以及在线学习平台（如 Coursera、edX）。这些工具和技术不仅能够帮助个人和组织高效处理和分析数据，还能够提供丰富的学习资源，支持个性化学习和技能提升。

总之，数据驱动学习是数智化转型中不可或缺的技能，能够帮助个人和组织从数据中提取价值，做出科学决策，发现新的学习路径和

机会。在这个数据驱动的时代，持续学习和适应新技术是保持竞争力的关键。

（二）个性化学习路径

个性化学习路径，作为人工智能技术在教育领域的创新应用，正逐步改变着传统"一刀切"的教育模式，开启一种更加高效、人性化的学习方式。人工智能可以深度分析个人的学习习惯、兴趣偏好、知识水平和认知能力，为每位学习者量身定制学习路径，确保每个人都能在最短的时间内掌握所需技能。

在这一过程中，人工智能从海量的学习资源中筛选出最匹配个人需求的内容，无论是视频教程、在线文章，还是互动练习，都能根据学习者当前的知识水平和学习进度进行精准推荐。例如，对于初学者，人工智能会从基础知识开始，逐步引导至更高级的概念；而对于有一定基础的学习者，人工智能则会直接跳过已掌握的内容，专注于尚未掌握的知识点，从而避免重复学习，节省时间。

人工智能能通过实时监测学习者的学习行为和反馈，如答题正确率、学习时间、重复观看的视频片段等，来评估学习者的理解程度和难点所在，从而动态调整学习路径，提供更具针对性的辅导。如果发现学习者在某一知识点上遇到了困难，人工智能会自动提供更多的解释和实例，或者推荐额外的练习题，直到确保学习者彻底掌握为止。

人工智能技术还能帮助学习者建立长期的学习计划，根据个人目标和可用时间，规划合理的学习节奏，避免过度负荷或进度滞后。通过设定短期和长期的学习目标，人工智能能够激励学习者保持动力，持续进步。

个性化学习路径的实施，不仅提升了学习效率，还增强了学习体验。学习者不再受限于固定的学习模式，而能够根据自己的节奏和风格进行学习，减少了学习的压力和挫败感，增加了学习的乐趣和成就感。这种以学习者为中心的教学模式，有助于激发内在的学习动力，培养终身学习的习惯，为个人的持续成长和适应快速变化的世界奠定了坚实的基础。

总之，人工智能技术通过个性化学习路径的构建，为教育领域带来了革命性的变化。它不仅提高了学习效率，还促进了教育公平，让每位学习者都能获得最适合自己的教育资源，实现个性化成长。随着技术的不断进步，个性化学习路径的应用将更加广泛，为构建终身学习型社会贡献力量。

（三）模拟与虚拟现实

模拟与虚拟现实（VR）技术的融合，为教育和培训领域带来了革命性的变革。通过将人工智能的智能分析与 VR 的沉浸式环境相结合，学习者能够在逼真的虚拟世界中进行实践，不仅增强了学习的趣味性，还显著提高了技能掌握的效率和深度。

在这一技术的支持下，学习者可以置身于高度仿真的环境中，无论是复杂的手术室、繁忙的工厂车间，还是危机四伏的战场，都能够安全地进行模拟操作，无需担心失误带来的实际风险。例如，在医

疗培训中，医生和护士可以通过 VR 技术模拟真实的手术场景，练习各种手术技巧和紧急应对措施，提高手术熟练度和应急能力。在工业领域，工人可以在虚拟工厂中接受安全培训，熟悉操作流程，减少实际工作中发生事故的可能性。在军事训练中，士兵可以在虚拟战场中演练战术，提高团队协作和战场生存技能，而无需承担真实训练中的危险。

人工智能技术能够根据学习者的具体表现和反馈，实时调整虚拟环境的难度和复杂度，提供个性化的训练方案。通过分析学习者的动作、决策和反应时间，人工智能能够识别出学习者的强项和弱点，有针对性地提供指导和建议，帮助学习者克服挑战，加速技能提升。此外，人工智能还能记录学习者的训练数据，生成详细的学习报告，为后续的技能评估和培训计划提供依据。

虚拟现实技术不仅提供了视觉和听觉的沉浸式体验，还通过触觉反馈装置，增强了学习的真实感。例如，在虚拟手术训练中，医生可以通过触觉手套感受手术器械的重量和阻力，模拟手术操作的手感，使得训练更加贴近真实情景，提高了学习的沉浸感和实战能力。

人工智能与 VR 技术的结合，为学习者创造了一个安全、高效、有趣的实践平台，提高了技能训练的针对性和实效性，还拓宽了教育和培训的边界，为个人成长和社会发展带来了无限可能。随着技术的不断进步，模拟与虚拟现实的应用将更加广泛，为构建终身学习型社会贡献力量，推动教育领域的持续创新。

（四）微学习与碎片化学习

在当今这个信息爆炸、生活节奏日益加快的时代，传统的长时间集中学习模式已难以满足人们的需求。微学习与碎片化学习的概念应运而生，成为适应现代生活方式的有效学习策略。微学习，顾名思义，指的是将庞大的知识体系切割成一系列短小精悍、目标明确的学习单元，每个单元聚焦于一个特定的知识点或技能，通常时长不超过几分钟。这种学习方式充分利用了人们的碎片时间，如通勤途中、等待间隙等，使学习变得更加灵活和便捷。

人工智能技术在微学习领域的设计与实施中扮演着关键角色，它能够基于学习者的能力水平、兴趣偏好以及学习历史，智能化地定制个性化学习路径。通过对大数据的分析，人工智能算法能够识别出学习者在知识掌握上的薄弱环节，从而有针对性地推送相关的微学习内容，确保学习者能够高效地填补知识空白，避免重复学习已掌握的内容，节省宝贵的时间。

此外，人工智能还能够通过自然语言处理技术，将复杂的概念和理论转化为简单易懂的语言，制作成短视频、动画、互动问答等形式的微学习材料，使得学习过程既生动有趣又易于理解。同时，人工智能系统能够跟踪学习者的进度，及时给出反馈和建议，鼓励学习者持续学习，形成良好的学习习惯。

碎片化学习的兴起，也得益于移动互联网的普及。智能手机和平板电脑等便携设备成为微学习的主要载体，学习者可以随时随地访问学习资源，无论是在公交车上、咖啡厅里，还是在家里短暂的休息时间，

都能抓住机会进行学习，极大地提高了学习的灵活性和可达性。

综上所述，微学习与碎片化学习模式借助人工智能技术，不但优化了学习内容的结构和呈现方式，使之更符合现代人的认知习惯和生活方式，而且提升了学习的效率和个性化程度，让知识的获取变得更加轻松愉快。未来，随着人工智能技术的不断进步和应用场景的拓展，微学习有望进一步深化，成为终身学习时代的重要组成部分，助力个人实现自我提升和职业发展。

二、快速适应变化的策略

（一）敏捷思维

在人工智能引领的快速变革时期，敏捷思维成为个人和组织在复杂多变环境中生存和发展的关键能力。所谓敏捷思维，指的是个体或团队具备快速感知环境变化、迅速做出决策并灵活调整策略的能力。它强调的是灵活性、创新性和持续改进，而非固守成规。

对于个人而言，培养敏捷思维意味着要保持开放的心态，勇于接受新知识、新技术，并能迅速将其内化为自己的技能。这意味着，在面对人工智能带来的工作方式变革时，个人需要主动学习相关技能，如数据分析、机器学习基础等，以适应新兴岗位的需求。同时，敏捷思维还要求个人具备批判性思考的能力，能够从海量的信息中筛选出有价值的内容，做出明智的判断和决策。在数智化转型中，数据驱动的决策成为常态，能否从数据中洞察趋势、发现机会，将直接影响个人的职业发展。

对于组织而言，培养敏捷思维则体现在构建灵活的组织架构、快速迭代的产品开发流程以及开放的企业文化上。传统的层级分明、决策缓慢的管理模式，在数智化转型中显得越发力不从心。相反，扁平化的组织结构、跨部门的协作机制以及鼓励试错、持续优化的工作氛围，能够激发员工的创造力，加速创新步伐。在产品开发方面，采用敏捷开发方法，即小步快跑、快速迭代，能够在短时间内推出初步产品，收集用户反馈，迅速调整方向，以最小的成本探索市场，抓住稍纵即逝的商业机会。

敏捷思维倡导一种持续学习和适应的文化。在数智化转型中，技术更新换代的速度令人咋舌，昨天的先进可能就是今天的过时。因此，无论是个人还是组织，都需要建立一套有效的学习机制，不断追踪行业动态，及时调整战略方向，以应对市场的瞬息万变。这包括定期举办培训、研讨会，鼓励员工参与在线课程，以及设立创新实验室，实验最新的人工智能技术应用，等等。

总之，敏捷思维是数智化转型中必备的核心竞争力。它不仅帮助个人和组织在激烈的竞争中脱颖而出，更是在不确定的未来中，抓住机遇、应对挑战的关键。通过培养敏捷思维，我们能够更加自信地拥抱变化，引领创新，共创美好的未来。

（二）跨学科技能

在当前由人工智能主导的技术革命浪潮中，跨学科技能成为职场中不可或缺的核心竞争力。随着人工智能技术的不断成熟与广泛应用，单一领域的专业知识已难以满足复杂多变的市场需求。以数据科学为例，这一领域的发展尤其凸显了跨学科学习的重要性。数据科学家，作为数据时代的金钥匙持有者，不仅要精通统计学原理和编程技巧，以便从海量数据中挖掘有价值的信息，同时，他们还需深刻理解所在行业的业务流程和市场背景，这样才能确保分析结果的准确性和实用性，为企业的决策提供有力支持。

具体而言，统计学知识是数据科学的基石，它帮助数据科学家设计合理的实验方案，运用恰当的模型进行数据分析，确保结果的科学性和可靠性。编程技能则是执行数据分析任务的工具箱，Python、R等语言是数据科学家的常用武器，它们能够高效处理大规模数据集，实现算法的自动化运行。然而，仅有这些技术手段远远不够。数据科学家还需要对所服务的行业有深入了解，如金融、医疗、零售等，每个行业都有其独特的业务逻辑和痛点。只有深入了解这些背景，才能精准定位问题，制定出切实可行的数据分析方案，解决实际业务中的难题。

此外，跨学科技能在人工智能领域的重要性还体现在促进创新思维和解决方案的多样性上。当数据科学家能够跨越学科界限，将不同领域的知识融会贯通时，他们往往能够从全新的视角审视问题，提出颠覆性的见解。例如，将生物学中的进化算法应用于优化问题，或将物理学的模拟技术用于预测模型，这些都是跨学科技能带来的创新火花。这种跨界融合不仅能够提升问题解决的效率，还能催生出更多前沿的研究方向和商业机会。

在教育层面，跨学科学习也逐渐成为人才培养的新趋势。越来越多的高等教育机构开始设置跨学科专业，如"生物信息学""计算社会科学"等，旨在培养既懂技术又懂领域的复合型人才。同时，企业也在招聘过程中更加重视应聘者的跨学科技能，通过内部培训、跨部门交流等方式，鼓励员工拓宽知识面，提升综合素质。

跨学科技能不仅是数据科学家等技术岗位的必备素质，也是推动科技创新、促进产业进步的重要驱动力。在未来的职场竞争中，那些能够跨越学科边界，整合多元知识与技能的个人和团队，将更有可能抓住机遇，创造价值，引领潮流。

（三）持续创新

数智化转型中，持续创新已成为企业生存与繁荣的关键。创新，不仅是技术上的突破，更是思维方式的革新，驱动着企业不断探索未知领域，寻找新的增长点。人工智能技术的快速迭代，为企业带来了前所未有的机遇与挑战。一方面，人工智能能够显著提高生产效率，优化决策过程，创造全新的商业模式；另一方面，它也迫使企业必须持续创新，以适应日新月异的市场环境，保持自身的竞争优势。

持续创新的核心在于鼓励创新思维和实践。这意味着企业应营造一种开放包容的文化氛围，让员工敢于质疑现状，勇于尝试新思路。

创新思维要求我们跳出固有框架，用全新的视角看待问题，这往往意味着要打破常规，挑战传统。例如，在产品设计阶段，利用人工智能技术进行用户行为预测，可以更精准地洞察消费者需求，从而开发出更具吸引力的产品特性。而在运营层面，通过人工智能优化供应链管理，可以大幅降低库存成本，提高物流效率。

实践创新则需要企业投入资源，建立相应的机制来支持创新活动。这包括设立专门的创新基金，用于资助高风险但潜在回报巨大的项目；组建跨部门的创新团队，集合不同领域的专家共同攻克难题；以及构建敏捷的组织结构，确保创新想法能够迅速转化为实际成果。

在数智化转型中，持续创新对于企业而言，意味着永不停歇的探索之旅。它要求企业不仅要在核心技术上保持领先，还要在应用场景、商业模式、用户体验等方面不断创新。例如，利用人工智能进行个性化推荐，提升客户满意度；通过人工智能分析市场趋势，指导战略决策；或是将人工智能融入产品设计，打造智能交互体验。每一次创新尝试，都是对未知领域的勇敢探索，也是对未来可能性的积极塑造。

持续创新还涉及对失败的容忍度。在追求创新的过程中，失败是不可避免的，关键在于如何从失败中学习，快速迭代，直至找到成功的路径。企业应该建立一种"失败文化"，鼓励员工在安全的环境中大胆尝试，即使失败也能从中汲取宝贵经验，为下一次创新奠定基础。

总而言之，持续创新是数智化转型中企业发展的生命线，要求企业拥有前瞻性的视野，勇于探索新技术、新市场，以及构建一个鼓励创新、容忍失败的生态系统。在这一过程中，企业将不断刷新自我，超越极限，最终实现可持续的增长与繁荣。

（四）团队协作

在当前由人工智能引领的技术变革浪潮中，团队协作的重要性不仅未被边缘化，反而还因其独特价值而越发凸显。尽管人工智能在数据处理、自动化任务及模式识别等特定领域展现了非凡的能力，但在面对复杂且充满不确定性的问题时，人类的创造力、判断力以及团队协作的集体智慧仍显得无可替代。这是因为，真正的创新与深层次问题的解决往往依赖于跨学科的知识整合、对社会情境的敏锐感知，以及对情感和道德的综合考量，这些复杂的人类特质是当前人工智能技术尚难完全复现的。

团队协作的核心在于有效沟通与集体智慧的发挥。在一个多元化团队中，成员们携带不同的背景、技能和视角。当团队成员能够实现充分沟通，相互倾听并理解对方的观点时，他们便能从多个角度审视问题，发现那些单一视角下可能被忽视的解决方案。更重要的是，团队协作能够激发成员间的思想碰撞，产生"1+1＞2"的协同效应，创造出超越个体能力范畴的创新成果。在数智化转型中，团队协作的意义更为深远。一方面，人工智能技术作为团队协作的有力辅助，通过数据分析、信息检索等功能，为团队决策提供强有力的支持，显著提升工作效率；另一方面，人工智能的应用也促使团队协作模式发生深刻变革，远程工作、虚拟团队的兴起，这不仅要求团队成员具备更强的自我管理与远程沟通能力，同时也对团队的凝聚力和信任度提出了更高的要求。

团队协作在复杂问题解决中的作用主要体现在四方面：一是跨学

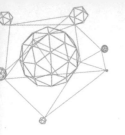

科整合，复杂问题往往跨越多个学科领域，单一学科的知识难以全面覆盖，团队协作能够汇聚不同领域的专长，通过跨学科的思维碰撞，找到综合性解决方案；二是情境感知，人工智能在处理规则明确、数据充足的任务时表现出色，但在涉及复杂社会情境、人性因素的问题面前，人类的直觉和经验则显得尤为珍贵，团队协作能够让成员结合个人经历和情感认知，对问题进行深度理解和解读；三是创新与迭代，创新源自对现有知识的重组与突破，团队成员的协作可以激发新的思考，促进知识的迭代升级，推动创新的发生；四是道德与伦理考量，在人工智能应用中，如何平衡技术进步与社会伦理、隐私保护等问题，需要团队成员共同探讨，确保技术发展的正面影响最大化，负面影响最小化。

尽管人工智能技术在某些方面展现出超越人类的潜力，但在复杂问题的解决过程中，人类的创造力、判断力以及团队协作的集体智慧仍然扮演着核心角色。在数智化转型中，团队协作不仅是解决问题的手段，更是推动人类社会创新与发展的重要方式，它强调了在技术快速发展背景下，人与人之间的连接、合作与共创价值的重要性，为构建更加和谐、智慧的社会奠定了坚实的基础。

三、终身学习的文化建设

（一）学习型组织

在快速变化的时代背景下，构建学习型组织已经成为企业持续发展和保持竞争力的关键策略。学习型组织，顾名思义，是指一个鼓励所有成员不断学习新知识、提升技能，并将学习成果应用于实践的组织。这样的组织文化，不仅能够促进个人成长，激发员工潜能，还能增强组织整体的适应能力和创新能力，使其在激烈的市场竞争中立于不败之地。

1. 学习型组织注重营造开放共享的学习环境

在开放共享的学习环境中，信息和知识被视为组织最宝贵的资产，被广泛传播和共享。员工被鼓励积极参与各种学习活动，无论是内部培训、在线课程，还是行业研讨会，抑或是跨部门的项目合作，都能成为学习的机会，促进知识的横向流动。

2. 学习型组织强调个人发展与组织目标的紧密结合

通过设定清晰的职业发展路径和个性化培训计划，组织能够引导

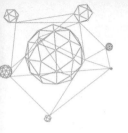
员工将个人成长与组织战略相匹配，实现双赢。例如，对于技术岗位的员工，组织可以提供最新的技术培训，帮助他们掌握行业前沿知识；而对于管理层，则可以通过领导力培训和实战演练，提升其决策能力和团队管理技巧。个性化培训计划能提升员工的专业能力，增强他们的工作满意度和归属感，提高整体团队的凝聚力和执行力。

3. 学习型组织倡导持续改进和反思文化

在学习型组织中，错误被视为学习的机会，而不是惩罚的理由。员工被鼓励在日常工作中实践"计划—执行—检查—行动"循环，即在实施新想法或方法后，主动收集反馈，评估效果，然后根据结果进行调整。

4. 学习型组织具有较高的灵活性和敏捷性

由于员工具备较强的学习能力和适应能力，组织能够更快地响应市场变化。在面对新兴技术或行业趋势时，学习型组织能够迅速组织资源，开展相关培训，确保团队能够及时掌握新技能，为公司带来新的增长点。

总之，构建学习型组织是一个长期而系统的工程，需要组织从文化、制度、资源等多个层面进行全方位的支持和投入。但只要坚持下去，它所带来的个人成长和组织竞争力的提升，将是任何短期投资都无法比拟的。在知识经济时代，学习型组织将成为企业赢得未来的关键。

（二）知识共享

在信息爆炸的环境中，知识共享已成为推动个人成长和组织发展的重要引擎。构建知识共享平台，不仅能够促进信息和经验的有效流通，还能激发创新思维，形成一个充满活力的学习社区。这样的平台，无论是实体的图书馆、研讨室，还是虚拟的在线论坛、知识库，都旨在打破知识壁垒，让每一位参与者都能从中获益，加速个人和组织的成长步伐。

1. 知识共享平台为员工提供了获取新知的便捷渠道

在这样的平台上，员工可以轻松访问到行业动态、最新研究成果、实用操作指南等各类信息，无需花费大量时间和精力去寻找分散的资源。更重要的是，这些平台上通常汇集了来自不同背景和领域的专家见解，员工可以通过阅读他们的文章、观看教学视频或参与线上讨论，直接从他人的经验中学习，避免重复犯错，节省学习成本。

2. 知识共享平台促进了跨部门、跨地域的沟通与协作

在一个大型组织内，各部门之间可能存在信息孤岛，导致资源浪费和效率低下。而知识共享平台打破了这些障碍，使得不同团队的成员能够轻松分享自己的项目经验、成功案例和失败教训，促进知识的横向流动。这种跨界的交流不仅能够增进团队间的理解和信任，还能激发新的创意火花，为解决复杂问题提供多元视角。

3. 知识共享平台有助于营造一种学习和成长的文化

当员工看到同事乐于分享，愿意贡献自己的智慧和经验时，他们会受到激励，更愿意参与到知识的共创中。这种正向循环的形成，能够激发员工的内在动力，让他们在贡献的同时获得成就感和归属感。长此以往，整个组织将形成一种积极向上、持续学习的氛围，吸引更多优秀人才加入，进一步提升组织的竞争力。

4. 知识共享平台能够加速组织创新

员工可以自由地提出自己的想法，与他人进行深入探讨，甚至跨部门组建临时团队，共同探索解决方案。这种开放式的创新模式，不仅能充分利用组织内外的资源，还能促进不同学科知识的交叉融合，为组织带来前所未有的创新成果。

总之，知识共享平台是构建学习型组织的关键基础设施。它不仅能促进信息的高效流通，还能激发团队的创造力，加速个人和组织的成长。在知识经济时代，谁能更好地利用和共享知识，谁就能在竞争中占据先机，赢得未来。因此，企业和机构应当积极建设知识共享平台，培养一种开放、协作、创新的文化，为组织的长远发展奠定坚实的基础。

（三）灵活的学习机制

在快速变化的现代职场，灵活的学习机制成为企业提升员工技能、促进个人成长的关键策略。这种机制的核心在于提供多样化的学习机会，允许员工根据自身的时间安排和特定需求，自主选择最适合自己的学习方式，从而实现高效、个性化的技能提升。在线课程、研讨会和工作坊等灵活学习形式，正是实现这一目标的有效途径。

1. 在线课程为员工提供了不受时间和地点限制的学习体验

随着互联网技术的普及，高质量的在线教育资源日益丰富，涵盖了从专业技能到软实力提升的各方面。员工可以根据自己的兴趣和职业规划，随时随地选择适合自己的课程进行学习。这种自主性和便利性，极大地激发了员工的学习热情，提高了学习效率。同时，许多在线课程还提供了互动功能，如论坛讨论、实时答疑等，使得远程学习不再孤单，增强了学习的社交性和趣味性。

2. 研讨会和工作坊为员工提供了深度学习和实践的机会

这类活动通常聚焦于某一特定主题，邀请行业专家或内部高手进行深入讲解，并辅以小组讨论、案例分析等形式，帮助参与者将理论知识转化为实际技能。研讨会和工作坊的现场互动性，使得员工能够在实践中发现问题、解决问题，加深对知识的理解和记忆。此外，这种面对面的交流还有助于建立人际网络，促进跨部门、跨领域的合作与创新。

为了构建灵活的学习机制，企业需要采取一系列措施：建立易于访问的在线学习平台，整合内外部优质资源，为员工提供一站式的学习解决方案；定期举办研讨会和工作坊，确保内容紧跟行业趋势，满足员工的多元化学习需求；支持员工参与外部培训和认证项目，提升

专业素养；建立健全的学习激励机制，如学习积分制、晋升通道与学习成果挂钩等，激发员工的学习动力，确保学习成果能够转化为组织绩效的提升。

灵活的学习机制提供了在线课程、研讨会和工作坊等多种学习机会，能够满足员工个性化的学习需求，促进知识的更新与技能的提升，为组织的持续发展注入源源不断的活力。在知识经济时代，构建灵活的学习机制，已经成为企业吸引和保留人才、保持竞争优势的关键策略。

（四）持续评估与反馈

在不断变化的工作环境中，持续评估与反馈机制成为个人和组织成长过程中不可或缺的一环。这一机制能够通过定期的评估和及时的反馈，帮助个人深入了解自己的学习进展、识别技能差距，并据此调整学习计划，确保个人发展目标与组织需求保持一致。持续评估与反馈不仅促进了个人能力的提升，也为组织的人才发展战略提供了有力支撑。

1. 持续评估

企业设定季度、半年或年度评估周期，系统地追踪员工的学习进度和技能掌握情况。评估内容应涵盖专业技能、项目完成质量、团队协作能力等多个维度，确保全面反映个人的综合表现。采用360度反馈、同行评审、自我评估等多种评估方法，能够从不同角度获取客观、全面的信息，为后续的个人发展计划提供依据。

2. 及时反馈

在评估结束后，应及时与员工进行一对一的反馈会谈，分享评估结果，指出优势与不足，共同制定改进措施。有效的反馈应遵循具体、建设性和鼓励的原则，既要肯定员工的努力和成就，也要诚恳地指出待改进之处，避免泛泛而谈。此外，反馈过程应保持开放和尊重的态度，鼓励员工表达自己的看法和困惑，共同探讨解决方案。

基于评估与反馈的结果，个人应适时调整学习计划。这可能意味着增加某些技能领域的学习投入，参加更具针对性的培训课程，或是寻求导师的指导。同时，企业也应根据员工的技能差距和职业发展需求，提供定制化的学习资源和成长机会，如内部轮岗、项目参与、行业会议等，助力员工补齐短板，实现个人价值的最大化。

持续评估与反馈机制的成功实施，还依赖于建立一种积极的学习文化和透明的沟通渠道。企业应鼓励员工将评估视为个人成长的机会，而非压力的来源。同时，管理者需扮演好教练的角色，提供持续的支持和指导，帮助员工克服学习中的困难，树立信心。此外，企业还应确保评估标准的公平性和透明度，避免任何形式的偏见，营造一个公正、健康的竞争环境。

总之，持续评估与反馈机制是个人和组织成长的催化剂。它不仅帮助个人明确了发展方向，提升了技能水平，还促进了组织内部的知识共享和能力提升，为企业的长期发展奠定了坚实的基础。在知识经济时代，建立和完善这一机制，对于打造学习型组织、培养适应未来需求的人才队伍至关重要。

第六章

伦理领导：人工智能与社会责任

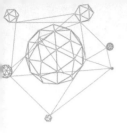

在人工智能迅速发展的当下，伦理领导与社会责任成为不容忽视的话题。人工智能技术的应用范围不断扩大，从医疗健康、金融服务到教育和娱乐，涵盖了社会生活的各方面。然而，随之而来的伦理挑战和潜在风险也日益凸显，要求我们不仅要追求技术创新，更要注重技术的伦理责任和社会影响。

一、人工智能伦理的基本原则

（一）透明度与可解释性：确保人工智能系统的设计、决策过程和结果对利益相关者透明，便于理解和审查，避免"黑箱"操作

透明度与可解释性是当今人工智能领域中至关重要的伦理原则，旨在解决人工智能系统的"黑箱"问题，即人工智能模型内部决策过程对外部观察者不透明的问题。透明度指的是人工智能系统的设计、决策过程和结果对利益相关者（包括用户、监管机构、社会公众等）的开放性和可见性，它强调信息的公开性和可获取性。通过确保透明度，我们可以增强用户对人工智能系统的信任，明确责任归属，以及满足某些行业（如医疗、金融）中的法律和监管要求，确保人工智能

系统符合既定标准和法规。

可解释性关注的是人工智能系统能否以人类可理解的方式解释其决策过程，展示决策背后的逻辑、影响因素和推理路径。这一特性对于非专业人员理解人工智能决策至关重要，特别是在需要人类干预或审核的场景中。可解释性还促进了对人工智能决策中潜在偏见或不公平性的检测与纠正，同时为开发者提供了优化算法、提高准确性和效率的途径。

为了实现透明度与可解释性，有多种策略可供采用。首先，在模型选择阶段，应优先考虑易于解释的模型，如决策树、线性回归等，除非在特定任务上深度学习网络展现出不可替代的优势。其次，通过特征重要性分析等技术手段，评估各特征对模型决策的影响程度，帮助理解哪些因素显著地影响了决策结果。再次，利用可视化工具如图表、热力图等，可以使模型内部的决策流程更加直观易懂。详细的文档记录，包括人工智能系统的开发过程、使用的数据集、模型架构、训练参数等，也是实现透明度不可或缺的一环，便于审计和结果复现。设计友好的用户界面，向最终用户提供清晰的决策解释，即使他们不具备专业的人工智能知识，也可作为提升透明度的重要一环。最后，对利益相关者进行人工智能基础知识的教育与培训，提高他们解读人工智能决策的能力，减少误解和恐惧，同样是构建负责任、公正和可信的人工智能系统所必需的。

综上所述，透明度与可解释性不仅是技术实现的问题，还涉及政策制定、伦理考量以及公众教育等多个层面。通过这些原则的贯彻执行，我们不仅能促进人工智能技术的健康发展，还能确保其在社会应

用中发挥积极作用，增进人类福祉。

（二）公平性与非歧视：人工智能系统应避免任何形式的偏见和歧视，确保算法的公正性，平等对待所有用户

公平性与非歧视已成为不可或缺的核心原则，其目的在于确保人工智能系统在处理数据和做出决策时不因个人属性如种族、性别、年龄、宗教、性取向或经济状况等因素而产生偏见或歧视。随着人工智能日益深入我们的日常生活和关键决策领域，维护公平性与非歧视不仅关乎个体的基本权利与尊严，更是推动社会整体正义与和谐的基石。

公平性在人工智能领域体现为算法在处理数据和决策时能充分考虑不同群体间的差异，确保这些差异不会转化为不公正的结果。具体而言，这包括分配公平，资源、机会和服务的分配基于公正标准而非个人属性；程序公平，要求决策过程透明、一致，所有相关方都有参与和申诉的机会；以及结果公平，决策结果不应加剧社会已有的不平等，而应致力于减少这些不平等。

然而，实现人工智能的公平性与非歧视并非易事，主要挑战包括数据偏见、算法设计的内在缺陷、反馈循环的负面影响以及缺乏透明度和可解释性带来的识别与纠正偏见的难题。数据集可能会反映历史上的社会偏见，如果未经妥善处理，这些偏见会被人工智能系统继承并放大；算法架构和参数设置可能会无意中引入偏见；人工智能系统在实际应用中从用户行为中不断学习，若用户行为本身存在偏见，则系统会进一步强化这种偏见；而缺乏透明度和可解释性的人工智能系统则使识别和纠正偏见的工作变得异常艰难。

可采用以下策略实现人工智能的公平性与非歧视：构建多元化数据集，确保数据全面覆盖各类群体，减少代表性偏差；定期进行算法审计，检查并消除偏见，必要时调整算法；在算法设计时，不仅要追求预测准确性，还要兼顾公平性指标，如均等机会、均等误报率等；建立机制收集用户反馈，特别是受偏见影响较大群体的意见，用于持续改进系统；制定并遵循人工智能伦理准则，确保技术发展尊重人权和基本自由，防止任何形式的歧视；鼓励跨学科合作，让计算机科学、社会科学、伦理学等领域的专家共同探索和解决人工智能中的公平性问题。

通过上述策略的实施，我们可以逐步构建一个更加公平、包容和非歧视的人工智能未来，确保人工智能技术的发展真正服务于全人类的共同利益，促进社会的公正与和谐。

（三）隐私与数据保护：尊重个人隐私权，严格遵守数据保护法规，确保数据的安全性和隐私性

个人隐私与数据保护成为人工智能领域中亟待重视的伦理议题。随着人工智能技术的迅猛发展和广泛应用，海量个人数据的收集、存储与分析为个性化服务和决策优化提供了前所未有的机遇，但同时也引发了社会各界对个人隐私权的深切关注。因此，尊重个人隐私权，严格遵守数据保护法规，确保数据的安全性和隐私性，成为人工智能技术发展与应用中不可或缺的核心原则。

个人隐私权作为现代社会的基本人权，赋予了个人对自己个人信息的掌控权，包括决定何时、如何以及与谁分享这些信息。在人工智能领域，这一点尤为重要，因为人工智能系统往往需要处理大量敏感数据，如个人健康记录、地理位置信息、财务详情等。一旦这些数据被泄露，就可能对个人生活造成严重威胁，包括身份盗窃、财物损失甚至人身安全问题。因此，保护个人隐私，防止数据滥用，成为人工智能技术伦理框架中的关键组成部分。

全球各地的政府和国际组织已充分认识到数据保护的紧迫性，纷纷出台了一系列法律法规，旨在规范数据收集、处理和传输的全过程，保障个人数据安全。其中，欧盟的《通用数据保护条例》和美国的《加州消费者隐私法》等法律，不仅设定了严格的数据保护标准，还赋予了数据主体更多的权利，如访问、更正、删除个人信息和限制数据处理的权利，从而增强了个人对自身数据的控制能力。

为了在人工智能技术的应用中有效保护个人隐私，业界普遍采取了一系列策略。首要原则是"最小数据原则"，即仅收集完成特定任务所需的最少数据，避免不必要的数据收集。数据加密技术的运用，确保了数据在传输和存储过程中的安全性，防止未经授权的访问。通过匿名化和去标识化处理，个人信息在数据分析前被去除或模糊，降低了数据泄露的风险。差分隐私技术通过在数据集中添加随机噪声，保护个人隐私的同时，保留了数据集的统计价值，适用于大规模数据分析场景。透明度与告知同意机制的建立，确保了数据主体明确知晓数据的收集目的、使用范围和处理方式，从而保障了其知情权和选择权。建立健全数据生命周期管理制度，涵盖数据的收集、存储、使用、共享直至销毁的整个过程，确保数据在各环节的安全与合规。定期的安全审计与监控机制，能够及时发现并解决数据安全漏洞和隐私风险，维护数据安全。此外，加强员工和相关方的数据保护意识与技能培训，确保每个人都清楚自己的责任和义务，也是数据保护策略中不可或缺的一环。

通过实施上述综合策略，可以在确保个人隐私的同时，促进人工智能技术的健康发展，实现技术进步与个人权益保护的和谐共存。未来，隐私与数据保护将成为衡量人工智能技术伦理和社会责任感的重要指标，引领着人工智能技术的创新方向，确保技术成果惠及社会全体成员，促进社会的可持续发展。

（四）责任与问责：明确人工智能系统的责任归属，确保在系统出现错误或造成伤害时，由明确的责任主体承担后果

随着人工智能系统的复杂性和自主性不断增强，传统责任分配模式面临严峻挑战，如何在人机交互的新生态中明确责任归属，确保在人工智能系统出现错误或造成损害时能够追究到具体的责任主体，成为维护技术伦理、保障公共利益的关键议题。

人工智能系统的错误或不当行为可能对个人、社会乃至环境带来不可预知的风险和损害。例如，自动驾驶汽车的交通事故、算法偏见引发的歧视问题、智能武器系统的失控等事件，都凸显了明确责任归属的重要性。在这些情况下，如果没有清晰的责任划分，受害者可能

无法得到应有的赔偿，社会对人工智能技术的信任将受到严重打击，进而阻碍人工智能行业的健康发展。因此，建立一套行之有效的责任与问责机制，不仅能保护受害者的合法权益，还能促进人工智能技术的规范发展，增强公众对人工智能技术的信心，确保技术成果惠及社会全体成员。

然而，人工智能责任归属的界定充满挑战。首先，人工智能系统往往由众多组件构成，包括数据提供商、算法开发者、硬件制造商、系统集成商等多个参与者，这种多主体的复杂性使得责任归属难以直接追溯至单一实体。其次，随着机器学习和深度学习技术的不断进步，人工智能系统具备了根据环境变化自主调整行为的能力，这种高度的自主性进一步模糊了责任边界。现有的法律框架可能难以适应人工智能引发的新类型责任问题，法规的滞后性限制了责任归属的有效界定。

构建有效的人工智能责任与问责机制需从多个维度入手。一是必须在人工智能系统的设计、开发、部署和运营的全生命周期内，明确各参与方的角色与责任，建立清晰的责任链，确保在出现问题时能够迅速定位责任主体。二是建立全面的审计与监督机制，定期对人工智能系统的运行状态和决策过程进行检查和记录，为责任追溯提供有力证据。三是完善保险与赔偿制度，鼓励人工智能系统的所有者或运营商投保专门的保险，覆盖因人工智能系统故障或不当行为造成的损失，并设立赔偿基金，确保受害者能够得到及时、公正的补偿。四是加强伦理审查，在人工智能项目的早期阶段就引入伦理评估，预防潜在的伦理风险，确保人工智能系统的设计和应用符合伦理标准。五是推动国家和国际层面的立法进程，明确人工智能系统的法律责任框架，为人工智能技术的发展划定清晰的边界。六是加强公众参与与教育，提高社会各界对人工智能技术及其潜在风险的认知，鼓励广泛的社会对话，达成共同推进人工智能技术负责任发展的共识。

逐步构建适应人工智能技术特点的责任与问责体系，不仅能为人工智能系统的安全可控运行提供坚实的法制和伦理支撑，还能确保人工智能技术的发展始终遵循以人为本的原则，真正成为推动社会进步、增进人类福祉的强大力量。

（五）人类中心主义：人工智能技术应服务于人类福祉，促进人的全面发展，而不是取代或威胁人类的价值和尊严

在人工智能蓬勃发展的时代，坚持"人类中心主义"的原则显得尤为重要，这一理念强调人工智能技术应以服务人类福祉为根本宗旨，促进人的全面发展，而非成为威胁或取代人类价值和尊严的工具。随着 AI 技术日益深入社会的方方面面，如何确保科技发展与人类社会和谐共生，避免技术异化，成为我们必须深思熟虑的重大课题。

人类中心主义在人工智能领域的实践，意味着技术的设计、开发和应用应当始终围绕人类的需求、价值观和伦理标准展开。具体而言，这要求人工智能技术作为人类智慧的延伸，旨在增强人类能力，而非简单地取代。技术应当助力人们提高工作效率，减轻劳动负担，拓展认知边界，同时促进社会福祉，帮助解决诸如环境保护、疾病防控、教育公平等社会重大挑战。在此过程中，尊重每一个个体的权利至关重要，包括隐私权、自主权和尊严，确保技术的应用不会侵犯个人权

益。更重要的是，人工智能技术应当融入人文关怀，关注情感、道德和审美层面，提升人类的生活质量，而不仅仅局限于追求技术效率和功能性。

为了确保人工智能技术的发展遵循人类中心主义，防止技术异化，需采取一系列策略。首先，从人工智能项目的启动阶段开始，应引入伦理审查机制，制定明确的技术开发指导原则，确保技术发展方向与人类价值观相契合。其次，鼓励跨学科合作，集合计算机科学、伦理学、社会学、心理学等领域的专家智慧，共同探讨人工智能技术的伦理和社会影响，促进技术的负责任发展。同时，提高公众对人工智能技术及其潜在影响的认识，鼓励社会各界参与人工智能伦理的讨论，达成广泛的共识，引导技术发展更加贴近人类的真实需求。此外，推动国家和国际层面的政策与法规制定，为人工智能技术的发展划定伦理与法律的边界，确保技术应用的合法性和伦理性。最后，建立长期的人工智能技术影响监控机制，定期评估技术对社会、经济、文化等领域的综合影响，及时调整技术发展方向，防止负面效应的累积与扩大。

上述策略可以有效确保技术发展与人类社会的和谐共生，避免技术异化带来的潜在风险，促进技术成果真正服务于人类的全面发展，提升人类生活质量，增进社会整体福祉。在这个过程中，人类的智慧、创造力和伦理判断将始终扮演着核心角色，人工智能技术将成为人类实现更高层次文明进步的有力助手，而非威胁或取代人类价值的存在，确保技术进步与人类文明的共同繁荣。

二、避免算法偏见的策略

（一）多元化数据集：使用多样化的数据集训练人工智能模型，避免过度依赖某一特定群体的数据，减少潜在的偏见来源

在人工智能系统的设计与应用中，采用多元化数据集进行模型训练是确保人工智能公平性与效能的关键步骤。一个多元化数据集意味着数据来源广泛，涵盖了不同人口统计特征、地理区域、文化背景和社会经济状态的样本。这样的数据集能够避免人工智能系统过度依赖某一特定群体的数据，从而减少模型在应用中可能产生的偏见和误差。具体而言，多元化数据集有助于减少偏见，提高模型的泛化能力，并增强社会包容性，使人工智能系统能够更好地服务于整个社会，避免在应用中排斥或歧视某些群体。

实现多元化数据集需要采取一系列策略，包括广泛收集数据，确保数据集包含来自不同地区、文化背景、年龄层和职业背景的样本；平衡数据分布，维持各类别样本的均衡比例，防止模型偏向某一特定群体；定期审查数据集，检查其是否持续代表社会多样性并及时更新；利用合成数据来补充现实世界数据的不足，特别是在隐私和伦理问题

突出的情况下；以及与社会学家、人类学家等专家合作，识别并消除数据集中的潜在偏见，确保数据集的多样性和代表性。

通过上述策略有效构建和维护多元化数据集，为人工智能模型的训练提供了坚实的基础，减少了潜在的偏见来源，提高了人工智能系统的公平性、准确性和社会包容性。这不仅提升了人工智能技术的社会接受度，也为构建更加公正、包容的智能社会奠定了坚实的基础。多元化数据集的使用是人工智能领域追求技术进步与社会公正双重目标的重要体现，对于推动人工智能技术健康、可持续发展具有深远意义。

（二）算法审计：定期进行算法审计，评估模型的公正性，检测和纠正偏见，确保算法的决策过程公平无偏

算法审计已成为确保人工智能系统公正性、透明度和问责制的关键实践，尤其是在人工智能技术日益广泛地应用于决策过程中的背景下，如贷款审批、招聘筛选，乃至刑事司法系统。面对算法潜在的偏见和不公正问题，作为一种系统性的检查和评估机制，算法审计的重要性日益凸显。它旨在评估人工智能模型的公正性，检测并纠正任何可能存在的偏见，确保算法的决策过程公平无偏，从而维护社会公正，增强公众对人工智能系统的信任。

算法审计的目标主要包括四方面：一是评估公正性，确保算法对所有用户群体公平，避免基于种族、性别、年龄等特征的歧视；二是提高透明度，揭示算法决策过程的内部逻辑，使决策过程可解释，增

加公众对人工智能系统的信心；三是确保合规性，确认算法是否遵循相关法律法规和行业标准，规避法律风险和伦理争议；四是检测和纠正偏见，识别算法中可能存在的偏见来源，如数据偏差、模型架构问题等，并采取措施进行修正。

算法审计的流程大致分为五个步骤：一是数据审查，检查用于训练算法的数据集是否多元化，是否存在潜在的偏见或不平等；二是模型评估，运用统计测试和基准比较，评估模型在不同群体中的表现差异，识别可能的偏见；三是决策过程分析，深入剖析算法的决策过程，理解其如何从输入数据推导出输出结果，确保决策过程的合理性和公正性；四是合规性检查，对照相关法律法规和行业标准，确保算法在设计、开发和应用中遵守规定；五是报告与建议，编制详细的审计报告，总结审计发现，并提出具体的改进建议，包括算法调整、数据集优化等措施。

算法审计的重要性不言而喻，它有助于识别和纠正潜在的偏见，防止不公现象的发生，增强了公众对人工智能技术的信任。在日益依赖算法决策的现代社会，算法审计成为确保技术服务于社会公正和人类福祉的重要手段。通过算法审计，我们能够在促进效率和创新的同时，避免牺牲社会的公平性和正义，这不仅是技术层面的要求，也是社会伦理和法律责任的体现。随着人工智能技术的不断发展，算法审计将越发成为保障人工智能系统健康、可持续发展的重要组成部分，为构建一个更加公正、包容的智能社会奠定坚实的基础。

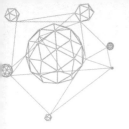

（三）包容性设计：在人工智能系统的设计阶段就考虑多样性和平等性，确保系统能够满足不同背景用户的需求，避免无意中的歧视

包容性设计是一种在人工智能系统开发之初就融入多样性和平等性考量的设计方法，其核心目标在于确保人工智能系统能够满足来自不同背景、拥有不同需求的用户的期待，避免在设计和应用过程中产生无意的歧视或偏见。随着人工智能技术的普及和深化，包容性设计的重要性日益凸显，它不仅关乎技术的公平性和道德性，也是实现社会包容和促进技术创新的关键所在。

在人工智能系统的设计阶段，实施包容性设计主要遵循以下原则：第一，充分考虑用户群体的多样性，包括性别、年龄、文化背景、身体能力、语言能力等，确保系统能够适应各种用户的需求；第二，坚持平等性原则，设计时确保所有用户都能以平等的方式访问和使用人工智能系统，避免技术设计上的障碍，如确保视觉障碍用户能够通过语音指令与人工智能交互；第三，注重系统的可访问性设计，确保包括残障人士在内的所有用户都能无障碍地使用人工智能系统，这可能涉及屏幕阅读器兼容性、高对比度显示等设计；第四，积极邀请不同背景的用户参与设计过程，收集他们的意见和反馈，确保设计能够真正满足用户的实际需求；第五，包容性设计是一个持续的过程，需要根据用户反馈和技术发展不断迭代和优化，以适应不断变化的社会和用户需求。

实施包容性设计具有深远的意义。它促进了社会包容，通过设计满足多样化需求的人工智能系统，有助于消除社会隔阂，促进不同群体之间的理解和融合，构建更加包容和谐的社会环境；增强了用户体验，考虑到用户多样性的设计能够提供更加个性化的体验，满足不同用户的具体需求，提高用户满意度和忠诚度；开拓了市场潜力，包容性设计能够触及更广泛的用户群体，包括那些以往可能被忽视的市场细分，为企业和社会创造更大的价值；减少了法律和伦理风险，遵循包容性设计原则，可以有效避免无意中触犯反歧视法规，减少企业面临的法律和道德责任风险。

在人工智能系统的设计阶段融入包容性设计的理念和实践，能够构建更加公平、多元化的技术环境，促进技术的可持续发展，为构建一个更加包容、公平和创新的社会贡献力量。在人工智能技术快速发展的今天，包容性设计是技术伦理的体现，也是推动社会进步和技术创新的重要驱动力，它促使我们以更加开阔的视野和更加负责任的态度，迎接技术变革带来的挑战与机遇。

（四）持续的监督与调整：形成机制，监测人工智能系统的运行情况，及时调整策略，防止偏见的累积和放大

在人工智能系统的生命周期中，建立持续的监督机制与调整机制是确保其公平性、准确性和适应性的关键环节。鉴于人工智能系统在不断学习和进化的过程中，可能不经意间吸收或放大原有的偏见，导致决策偏差或不公，因此，实施持续的监督与调整机制不仅能及时发现这些问题，还能有效防止偏见的累积和放大，保证人工智能系统的

长期稳定和公正运行，这对于维护技术的道德底线和社会的公平正义至关重要。

1. 实施持续的监督机制与调整机制的必要性

实施持续的监督机制与调整机制的必要性体现在以下方面：第一，防止偏见累积，人工智能系统在运行过程中，如果没有有效的监督，可能会逐渐积累并放大数据中的偏见，导致决策不公或歧视性结果。持续的监督有助于及时识别和纠正这些偏见，避免问题的恶化；第二，使人工智能系统适应环境变化，社会环境、用户需求和技术条件都是动态变化的，持续监督与调整机制能够使人工智能系统及时响应这些变化，保持其相关性和有效性；第三，确保合规，随着法律法规和行业标准的更新，持续监督可以确保人工智能系统始终符合最新的规定和要求，避免法律风险；第四，定期公布监督结果和调整措施，可以增加人工智能系统的透明度，增强用户和社会对人工智能技术的信任和接受度。

2. 实施持续的监督机制与调整机制的策略

实施持续的监督机制与调整机制的策略主要包括以下方面：第一，建立监测指标，定义一组关键性能指标，用于持续监测人工智能系统的运行效果，包括准确率、公平性指标、用户满意度等；第二，定期审计与评估，设定固定的审计周期，对人工智能系统的运行数据进行深入分析，评估其性能和公正性，及时发现潜在问题；建立用户反馈机制，鼓励用户报告使用过程中遇到的问题或不公现象，将其作为监督和调整的重要参考；第三，透明化决策过程，尽可能公开人工智能系统的决策逻辑和调整依据，增强其可解释性和透明度，提高公众信任；第四，灵活调整策略，根据监督结果和环境变化，灵活调整人工智能系统的算法、参数或数据集，以优化其性能和公正性；第五，设立伦理审查与指导机制，定期评估人工智能系统的设计和运行是否符合伦理标准，指导其发展方向。

建立和执行持续的监督机制与调整机制后，人工智能系统能够更好地适应不断变化的环境，及时纠正偏差，避免偏见的累积和放大，确保其长期稳定、公正和高效地服务于社会。这既是技术层面的必要措施，又是社会责任和伦理要求的体现，对于构建健康、可持续的人工智能生态系统至关重要，推动技术进步与社会福祉的协同发展。

三、构建负责任的人工智能系统

在人工智能技术飞速发展的背景下，构建一个负责任、公正和可持续的人工智能生态系统，需要从多个维度入手，确保技术的开发和应用既遵循伦理准则，又能广泛服务于社会的福祉。

（一）制定伦理指南与行业标准

在人工智能技术日新月异的当下，清晰的伦理指南和行业标准成为确保其健康发展不可或缺的基石。随着人工智能技术的广泛应用，

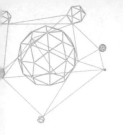

从数据隐私保护到算法设计，再到模型应用的公平性，每一环节都可能对个人权益、社会公平乃至人类福祉产生深远影响。因此，制定全面而严谨的伦理指南和行业标准，不仅是为了指导人工智能开发者遵循正确的伦理路径，确保技术成果既具有创新性又符合伦理规范，避免技术滥用和误用，同时也是为了规范行业实践，提升整个行业的技术水平和道德水准，营造良好的行业生态。

伦理指南和行业标准应当全面覆盖人工智能技术的各个环节。在数据处理层面，确保数据的收集、存储、使用和分享遵循最高级别的隐私保护标准，尊重个人数据主权，避免数据滥用，同时促进数据的合理利用和共享，以支持科学研究和社会公益。在算法设计层面，倡导透明度、可解释性和公平性，确保算法决策过程的公正无偏，避免算法歧视，增强算法的可审计性和可追溯性，便于监管和伦理审查。在模型应用层面，注重模型的适应性和社会责任，确保人工智能系统的设计和部署充分考虑社会影响，避免对特定群体造成不利影响，同时推动人工智能技术服务于社会公共利益，促进可持续发展目标的实现。

这些伦理指南和行业标准为人工智能开发者提供了明确的行为准则，规范了行业实践，为监管机构提供了评判依据，有助于制定和执行合理的法律法规，确保人工智能技术的创新与发展在合法合规的框架内进行，避免对个人隐私、社会公平或人类福祉造成损害。遵循高标准的伦理指南和行业标准，能够增强公众对人工智能技术的信任和支持，为人工智能技术的广泛应用奠定坚实的民意基础，促进技术与社会的和谐共生。

（二）组建多学科团队

在人工智能项目开发的前沿，伦理和社会影响的考量展现出了复杂性和多维度性。每一个技术突破和应用背后，都交织着技术革新、伦理考量、法律规范与社会责任的多重考量。从算法潜在的偏见到数据隐私的保护，从技术的公平性到社会的接受度，每一个细节都可能对个人、社会乃至整个行业产生深远影响。因此，组建一个多学科团队，汇聚技术专家、伦理学家、法律专家和行业代表等不同领域的专业人才，成为确保人工智能技术开发既能推动科技进步，又能在伦理和社会责任方面经得起考验的关键之举。

多学科团队在人工智能项目中的作用是全方位的。技术专家凭借深厚的专业知识，能够深入洞察人工智能技术的内在逻辑和运行机制，识别技术层面的风险点；伦理学家则从伦理学的视角出发，审视人工智能技术可能带来的道德困境和伦理挑战，确保技术发展的方向符合人类社会的基本价值；法律专家熟悉相关法律法规，能够评估人工智能技术的法律合规性，规避潜在的法律风险；行业代表则立足于市场和行业的视角，洞察技术应用的前景与社会影响，确保技术的落地既具有可行性，又能够创造社会价值。这样的团队配置，能够从不同维度全面审视人工智能项目的潜在风险和挑战，提供既具前瞻性又具可行性的解决方案，确保人工智能技术的开发和应用在推动科技进步的同时，不会偏离伦理和社会责任的正轨。

多学科团队协同工作，能够全面审视和化解人工智能技术可能带来的复杂问题，促进跨领域的沟通与合作，形成协同创新的良好氛围。

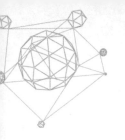

技术专家、伦理学家、法律专家和行业代表之间的交流与协作，有助于打破学科壁垒，促进知识共享和经验交流，碰撞出创新的思维火花，共同探索出既符合技术发展趋势，又兼顾伦理、法律和社会责任的综合性解决方案。这样的解决方案能够推动人工智能技术的健康和可持续发展，提升人工智能技术的伦理和社会价值，促进技术成果的良性转化和应用，为构建智能社会、推动可持续发展贡献力量。

（三）加强公众参与与透明沟通

加强与公众的沟通，邀请社会各界参与人工智能伦理的讨论，是构建公正、透明和包容人工智能环境的重要途径。通过举办公开论坛、研讨会和在线讨论等形式，不仅可以使公众直接接触和了解人工智能技术的最新进展，还能为公众提供一个表达对技术应用期望和担忧的平台。这种双向的交流能够促进人工智能技术的透明度和可解释性，引导人工智能技术的发展更加注重社会责任和伦理考量，增强公众对人工智能技术的信任和接受度。让公众了解技术背后的工作原理、应用场景和潜在影响，能够促进人工智能开发者与用户之间的理解和信任，确保人工智能技术的发展方向更加贴近社会需求和伦理标准。

提升人工智能系统的透明度是增强公众对人工智能技术信任和接受度的关键。这包括公开算法决策过程、数据使用原则、模型训练方法以及系统运行的逻辑框架。通过技术手段和方法论的创新，如可解释性人工智能（XAI）技术，使算法决策过程变得透明化，公众能够了解人工智能系统是如何做出决策的，这有助于增强公众对人工智能技术的信任感。明确的数据使用原则，包括数据来源、数据处理方法、数据隐私保护措施等，能够让公众更加放心地使用人工智能技术，同时也能够促进数据的合理利用和共享。公开模型训练方法，能够让公众了解到人工智能系统是如何学习和成长的，这不仅能够提升人工智能技术的透明度，还能够促进技术的可复制性和可验证性。通过图形化、可视化的方式展示系统运行逻辑，让公众更加直观地了解人工智能系统的工作原理，增强公众对人工智能技术的理解和信任。

（四）持续教育与培训

人工智能开发者和使用者的伦理意识与责任感成为确保人工智能技术正当使用的关键要素。提供持续的伦理培训和教育，提升相关人员的伦理素养，不仅能够确保人工智能技术在开发和应用过程中自觉遵守伦理准则，还能够培养一支既掌握先进技术又具备高度伦理责任感的专业队伍，推动人工智能技术向着更加人性化和负责任的方向发展，这是构建智能、公正、包容的未来社会的基石。

伦理培训和教育的重要性在于，它能够提升人工智能开发者和使用者的伦理意识与责任感，使其在面对技术决策时可以从伦理和社会责任的角度出发，做出更加审慎和负责任的选择。通过教育和培训，人工智能专业人员能够增强对数据隐私保护、算法偏见识别、用户权益尊重等方面的认知，促进技术发展与社会伦理的和谐共生。在人工智能技术日益渗透到社会各个领域的今天，这种伦理素养的培养显得尤为重要，可以确保人工智能技术的发展既能够推动社会进步，又能够尊重和保护个人权益，避免技术滥用带来的负面影响，促进技术与

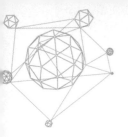

社会的可持续发展。

　　教育和培训的内容应当全面而深入，覆盖人工智能技术的各方面，包括但不限于数据隐私保护、算法偏见识别、用户权益尊重、伦理决策框架以及社会责任与可持续发展。通过这些内容的学习，人工智能开发者和使用者不仅能够理解数据隐私的重要性和相关法律法规，确保在数据处理过程中遵守最高的隐私保护标准，还能够学会如何识别和避免算法偏见，确保算法设计和应用过程中能够公平对待所有用户，避免对特定群体的歧视或不公。此外，强调在人工智能技术开发和应用中尊重用户权益的重要性，确保技术成果真正服务于用户，提升用户体验，也是教育和培训的重点之一。通过提供伦理决策的理论框架和实践案例，帮助人工智能开发者和使用者在面对复杂伦理问题时做出明智和负责任的决策，培养其社会责任感，使其在推动技术进步的同时，关注技术的社会影响，促进人工智能技术的可持续发展。

　　开展持续的伦理培训和教育目标是，培养一支掌握先进技术、具备高度伦理责任感的专业队伍，以推动人工智能技术向着更加人性化和负责任的方向发展，成为社会创新和经济增长的重要引擎。在人工智能技术快速演进的今天，拥有高度伦理责任感的人工智能专业人员将成为推动技术进步与社会福祉和谐共生的关键力量，为构建智能、公正、包容的未来社会奠定坚实的基础。

　　总之，人工智能伦理与社会责任是人工智能技术发展不可或缺的部分，我们在追求技术进步的同时，必须注重技术的伦理底线和社会责任，采取有效的策略避免算法偏见，构建负责任的人工智能系统，确保人工智能技术健康发展。在数智化转型中，伦理领导不仅是技术的要求，更是对人性的尊重和社会文明的体现。

第七章

情感智能与人际交往

一、情感智能在数智化转型中的独特角色

人工智能技术以其卓越的数据处理能力和自动化效率，正在改变我们工作、学习和生活方式的诸多方面。然而，它却缺乏一种至关重要的能力——情感智能。这种能力使人类能够识别、理解、表达和调节自己以及他人的情绪，这是机器至今难以企及的领域。

机器无法感受喜悦、悲伤、愤怒或爱等，也无法真正理解这些情绪背后的人文内涵。这种局限性意味着，无论人工智能技术如何先进，它都永远无法完全复制人类的情感体验和人际交往的微妙之处。因此，在数智化转型中，情感智能成为区分人类与机器的关键特征，是维护人际关系和社会联结的基石。

情感智能的重要性不仅体现在个人心理健康层面，它还是职场成功、团队协作和领导力的重要组成部分。在充满挑战和不确定性的快节奏工作环境中，拥有高情感智能的个体能够更好地管理自己的情绪，理解并响应他人的情绪，这不仅有助于建立和谐的人际关系，还能激发团队的凝聚力和创造力。一个情绪稳定、善于倾听和共情的领导者，能够营造积极向上的工作氛围，促进团队成员之间的信任与合作，进而提高整体的工作效率和创新能力。

在人工智能技术快速演进、职业转型频繁的背景下，情感智能还能帮助个体保持心理韧性，积极应对职业生涯中的不确定性。面对可能的岗位调整或技能需求变化，具备情感智能的人能够更加从容地接受新挑战，因为他们懂得如何调适自己的情绪，保持乐观的心态，同时也能理解和支持团队成员的担忧和困惑，共同寻找解决问题的方法。

总而言之，在数智化转型中，情感智能成为人类不可或缺的宝贵财富。它既关乎个人的心理健康和职业发展，又是促进社会和谐、推动人类社会进步的关键因素。在这个技术日新月异的时代，培养和提升情感智能，不仅能够帮助我们更好地适应环境变化，还能让我们在人与人之间的联结中，找到更加深刻的幸福与意义。

二、数智化转型中建立人际关系的技巧

在人工智能蓬勃发展的时代，人际关系的建立与维护面临着新的挑战。尽管人工智能在数据处理、模式识别等方面展现出超凡能力，但它在情感交流、同理心和复杂的人际交往中仍有局限。这恰恰凸显了人类情感智能的重要性，尤其是当我们试图在技术驱动的社会中建立和维持有意义的人际关系时。

（一）增强情感智能

自我意识是情感智能的基石，它要求个人深刻理解自己的情绪、需求以及在特定情境下的触发点。这意味着领导者需要时刻留意自己的情绪变化，识别是什么引发了这些情绪，以及这些情绪如何影响自

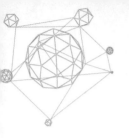

己的行为和决策。在压力大的情况下，自我意识尤其重要，因为它帮助领导者保持冷静，避免冲动行事，从而能够更理智地处理问题，做出更佳的决策。

情绪管理是指学会控制和调节自己的情绪，确保它们不会对与他人的互动产生负面影响。这包括识别并承认自己的负面情绪，如愤怒或沮丧，然后采取积极措施来平复这些情绪，如深呼吸、短暂休息或进行心理调整。同时，情绪管理还涉及表达积极情绪，如喜悦和感激，这些情绪能够传递正能量，提升团队士气，促进团队成员之间的正面互动。

同理心是情感智能中的另一重要组成部分，它指的是努力理解他人的情绪和立场，设身处地为他人着想。在多元化的工作环境中，同理心尤其关键，因为它能够帮助建立信任，促进团队成员之间的共鸣和理解。通过展现同理心，领导者能够更好地与团队成员沟通，解决冲突，以及激励团队，创造一个包容和支持的工作氛围。

社交技能包括倾听、非言语交流、言语交流、适应不同情境等能力。优秀的倾听技巧使领导者能够深入了解团队成员的需求和担忧，而非言语交流，如肢体语言和面部表情，则能增强沟通的效果，传递更深层次的信息。言语交流能在初次相识时搭建沟通桥梁，一句友好的问候或基于共同兴趣的话语可迅速拉近彼此距离；日常交往中，定期的言语交流能巩固关系，分享生活点滴或询问近况可让对方感受到关心。言语交流还是传递信息与思想的主要方式，能准确传达事实，如在工作会议上传达项目进展等信息，也能分享观点与想法，在学术讨论等场合碰撞思想火花。此外，言语能直接表达情感，如喜悦、悲伤、感激等，还能展现态度与价值观，吸引志同道合之人，树立自身形象。能够根据不同情境调整沟通方式的领导者，将更能够建立与团队成员的联结，促进团队的协作和创新。

总之，增强情感智能对于领导者和团队成员来说至关重要。通过培养自我意识、情绪管理、同理心和社交技能，个人不仅能够提升自我，还能促进团队的和谐与高效，共同推动组织目标的实现。在充满挑战的职场环境中，情感智能是确保个人与团队成功的关键。

（二）利用技术增进联系

在数字化时代，技术已经成为连接团队成员、增强协作与沟通的重要桥梁，尤其在远程工作或团队成员分布于全球各地的场景下。

1.数字化工具：跨越地理界限的桥梁

社交媒体、即时通信软件以及其他在线平台，如微博、微信等，为团队成员提供了一个即时、便捷的沟通渠道。这些工具不仅支持文字、语音和视频消息的发送，还允许文件共享和多媒体内容的传输，使得团队成员能够跨越地理界限，实时分享信息和反馈。通过定期发布更新、分享工作进展或个人动态，团队成员可以维持日常的联系，增强彼此的了解和信任，即使身处世界的不同角落，也能感受到团队的温暖和归属感。

2. 虚拟会议：重现面对面交流的亲密感

视频会议软件，如腾讯会议、Zoom和钉钉，提供了模拟面对面交流的体验，这对于增强团队凝聚力至关重要。定期举行的视频会议，无论是项目讨论、团队会议还是非正式的聚会，都能让团队成员看到彼此的面部表情和肢体语言，这种非言语的交流有助于加深理解和信任。视频会议不仅能够促进团队成员之间的沟通，还能增强团队的凝聚力，尤其是在远程工作环境下，它成为一种模拟办公室氛围、保持团队联系的有效方式。

3. 共享文档与协作工具：促进信息共享与协作

云服务和协作软件，如阿里云、Microsoft Office 365，为团队成员提供了实时协作的平台。这些工具允许团队成员在同一文档上同时工作，进行实时编辑和评论，大大提高了工作效率。通过共享文档，团队成员可以轻松查看和更新项目进度，分配任务，跟踪责任，以及保存会议纪要和重要决策。协作工具还促进了知识共享和最佳实践的传播，使团队成员能够轻松访问和参考关键信息，确保所有人都在同一页面上，从而增强团队的协作能力和整体效能。

数字化工具可帮助团队成员保持联系，促进信息的快速流通和高效协作。利用社交媒体、即时通信软件、视频会议和协作工具，即使在远程或分散的条件下，团队也能保持紧密的联系，共享信息，增强凝聚力，共同推动项目向前发展。这些技术的应用，不仅提升了团队的工作效率，也促进了团队文化的建设，使团队在面对挑战时能够更加团结一致，共同成长。

（三）建立信任和尊重

建立信任和尊重是构建健康、高效团队关系的基石，尤其在当今多元化和全球化的职场环境中显得尤为重要。

1. 诚实透明：信任的根基

在团队中，诚实与透明是建立信任的首要条件。这意味着在所有互动中，无论是日常沟通还是面对复杂问题，领导者和团队成员都应该保持真实和开放的态度。即使在处理棘手议题时，也应该坦诚相待，分享信息而不隐藏事实，即使这些事实可能不那么令人愉快。这种透明度不仅有助于预防误解和猜疑，还能增强团队成员之间的相互信赖，因为每个人都明白，他们可以依靠彼此，即使是在困难时刻。透明的沟通还鼓励团队成员表达自己的观点和担忧，从而促进更健康、更开放的团队文化。

2. 尊重差异：多元化的催化剂

在一个多元化的团队中，成员们来自不同的文化背景，拥有独特的信仰和观点。尊重这些差异不仅是基本的职业道德，也是团队创新和成长的源泉。领导者应该积极倡导一种包容的文化，鼓励团队成员分享他们的故事和见解，同时确保每个人的声音都被听到和尊重。通过尊重差异，团队能够从不同的视角中学习，增强团队的同理心和适应性，促进更深层次的相互理解。这种尊重不仅限于表面的礼貌，而是深入工作实践和决策制定中，确保团队的多样性被视为一种资产，

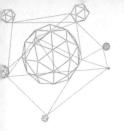

而非障碍。

3. 公平对待：平等与公正

在团队中，每个人都应该感到自己被公平对待，拥有平等的发言权和机会。这意味着领导者必须努力消除任何形式的偏见和歧视，确保决策过程公正透明，避免个人偏好影响团队成员的评价和机会。公平对待不仅体现在资源分配和职位晋升上，还体现在日常互动中，比如确保会议中每个人都有机会发表意见，以及在团队讨论中给予所有人相同的注意力和尊重。团队成员感觉到自己被公平对待时，更愿意积极参与，贡献自己的才能，这将极大地提升团队的凝聚力和整体效能。

综上所述，通过坚持诚实透明、尊重差异和公平对待的原则，领导者能够建立一个基于信任和尊重的团队环境。这样的团队不仅能够更好地应对挑战，还能激发每个成员的潜力，促进创新，实现共同的目标。在这样一个健康的团队文化中，成员们会感到被支持和尊重，从而更愿意为团队的成功全力以赴。

（四）解决冲突

解决冲突是团队管理中的一项关键技能，它不仅关乎团队的和谐与效率，更是促进团队成员成长和团队整体成熟的重要途径。

1. 主动解决：正视问题，积极应对

在面对冲突时，采取主动姿态是解决问题的第一步。领导者和团

队成员应该勇于面对冲突，而不是选择逃避或忽视。主动解决冲突要求我们具备勇气和责任感，愿意站在问题面前，通过对话和协商来寻找解决方案。这不仅包括表达自己的观点和感受，也包括倾听对方的立场和需求，努力从对方的角度理解问题。通过开放和诚实的沟通，团队成员可以共同探讨冲突的根源，寻找双方都能接受的解决方案，从而促进问题的解决和关系的修复。

2.中立调解：引入第三方，寻找共同点

在某些情况下，冲突可能由于双方立场过于对立或情绪过于激动，而难以直接通过对话解决。这时，引入一个中立的第三方作为调解者，可以帮助各方找到共同点，推动冲突的解决。中立调解者通常既不偏向任何一方，也不受冲突直接影响，他们能够以客观和公正的视角看待问题，协助各方识别和理解冲突的核心所在。调解者通过引导对话、澄清误解、强调共同目标，以及提出可能的妥协方案，帮助冲突双方重建沟通的桥梁。在调解过程中，找到共同点是至关重要的，它为双方提供了合作的基础，有助于建立共识，从而达成和解。

在解决冲突的过程中，无论是通过主动解决还是中立调解，都是为了恢复团队的和谐，促进团队成员之间的相互理解和尊重。通过有效解决冲突，不仅可以消除团队内部的紧张和对立，还可以增强团队的凝聚力，提升团队成员解决问题的能力，为团队的长期发展奠定坚实的基础。在这一过程中，领导者需要展现出领导力，引导团队成员以成熟和建设性的方式处理冲突，共同创造一个支持性、包容性和高效的工作环境。

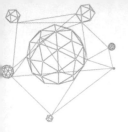

（五）持续学习和适应

在数智化转型中，持续学习和适应成为个人和组织生存与发展的关键能力。面对技术的快速迭代和市场环境的不断变化，终身学习和适应变化不仅是应对挑战的策略，更是个人成长和组织革新的驱动力。

1. 终身学习：技能与知识的永续更新

终身学习的理念强调了在个人职业生涯中持续获取新技能和知识的重要性，尤其是在人际交往领域。随着人工智能和数字化工具的普及，传统的硬技能虽然仍然重要，但软技能——如谈判、调解、跨文化沟通——正变得越来越关键。这些技能帮助个体在复杂多变的环境中建立有效的人际关系，解决冲突，促进团队协作。终身学习意味着个人应主动寻求各种学习机会，无论是参加在线课程、阅读专业书籍，还是加入行业研讨会，以不断提升自己在人际交往方面的能力。通过终身学习，个人能够更好地适应不断变化的工作环境，增强自己的职业竞争力，同时为组织带来更大的价值。

2. 适应变化：灵活性与适应性的培养

数智化转型中的特点之一就是变化的速度和规模，这要求个人和组织必须具备高度的灵活性和适应性。新技术的出现，如机器学习、大数据分析，不仅改变了工作方式，也对人际关系产生了深远影响。适应变化意味着个人和组织需要拥抱新知识，理解并掌握这些技术如何塑造工作流程，同时关注这些变化对团队动态和人际互动的影响。

这可能涉及重新定义角色和职责，调整团队结构，或者开发新的沟通策略。更重要的是，适应变化还要求培养创新思维，鼓励实验和探索，以发现更有效的工作方法和解决方案。在数智化转型中，那些能够快速适应新技术、新工作方式的个人和组织，将更有可能抓住机遇，实现持续增长和成功。

终身学习和适应变化是数智化转型中个人和组织应对挑战、把握机遇的两大法宝。通过不断学习新技能，特别是人际交往方面的软技能，个人能够提升自己的适应能力和职业竞争力。同时，通过培养灵活性和创新思维，组织能够更好地适应技术变革，促进团队协作，推动业务发展。在这一过程中，个人和组织不仅能够抵御外部环境的不确定性，还能在数智化转型中找到属于自己的发展路径，实现持续成长和繁荣。

通过这些技巧，我们不仅能够在数智化转型中有效地建立和维护人际关系，还能在这个充满挑战和机遇的时代中，促进个人成长和职业发展，构建更加和谐、高效的社会网络。

三、沟通与协作的艺术：构建数智化转型中的高效团队

在人工智能日益成为工作和生活重要组成部分的今天，沟通与协作的艺术变得更加关键。尽管人工智能在处理大量数据、执行复杂算法和优化决策过程方面表现出色，但它在促进人类间深度沟通和协作

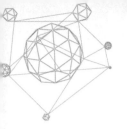

方面仍有局限。因此，掌握沟通与协作的艺术，对于在数智化转型中构建高效、创新的团队至关重要。

（一）倾听与理解

倾听与理解是人际交往中极为关键的元素，尤其在多元化的现代工作环境中，它们是建立有效沟通和团队协作的基石。

1. 主动倾听：超越表面，深入理解

主动倾听不仅是简单接收信息，而是一种积极、专注的沟通艺术。它要求倾听者暂时放下自己的偏见和预设，给予说话者完全的注意力，避免在对方讲话时心不在焉或急于打断。主动倾听意味着深入理解对方的观点和感受，通过提出开放式问题、给予反馈和确认，确保自己准确地捕捉到了对方的意图和情感。这种深度的倾听不仅能减少误解，还能促进更深层次的沟通，让对方感受到被重视和理解，从而增强人际关系的联结。

2. 同理心：理解与共鸣

同理心是指能够设身处地为他人着想，理解他们的立场和情感，而不仅仅是同情或怜悯。它要求我们超越自己的视角，尝试从对方的角度看问题，感受他们的情绪，理解他们的动机和需求。同理心能够促进更开放、更真诚的沟通，因为它建立在相互理解的基础上，有助于消除隔阂，建立信任。在团队环境中，同理心尤其重要，它能够促

进团队成员之间的共鸣，减少冲突，增强合作，从而创造一个更加和谐、支持性的工作氛围。

总之，主动倾听与同理心是相互关联、相辅相成的。主动倾听让我们能够更准确地捕捉和理解对方的意图，而同理心则帮助我们深入体会对方的感受和立场，这两者共同构成了有效沟通的基石。在实践中，通过练习主动倾听和培养同理心，我们不仅能够改善人际关系，还能够提升团队的协作效率，创造一个更加包容和理解的工作环境。在快节奏和压力重重的现代生活中，这些技能变得尤为重要，它们可以帮助我们在人际交往中建立更深层次的联系，促进个人和团队的共同成长。

（二）清晰表达

清晰表达是有效沟通的核心，它不仅关乎言语的使用，也涉及非言语的沟通方式。

1. 简洁明了：清晰传递信息的艺术

在交流中，简洁明了地表达自己的想法是一项至关重要的技能。这意味着使用简单、直接的语言，避免冗长和复杂的句子结构，确保信息能够被听众准确无误地接收和理解。在快节奏的工作环境中，人们往往面临时间压力，简洁明了的表达能够节省时间，减少误解，提高沟通效率。要做到这一点，关键在于提炼核心信息，剔除非必要的细节，使用通俗易懂的词汇，以及结构化地组织话语，确保逻辑清晰。

例如，在会议或演讲中，使用列表、小标题和关键词，帮助听众更好地捕捉和记住信息要点。

2. 非言语沟通：无声胜有声

除了言语之外，非言语沟通在人际交流中扮演着同等重要的角色。非言语信号包括身体语言、面部表情、眼神接触、手势和语调等，它们能够增强或削弱言语信息的影响力，有时甚至比言语本身更能揭示真实的意图和情感。例如，一个微笑或点头可以表示赞同和鼓励，而避免眼神接触或交叉双臂则可能被解读为不信任或防御。为了确保非言语信号与言语信息的一致性，重要的是要意识到自己的身体语言，并有意识地调整，使其与自己想要传达的信息相匹配。在面对面的交流中，保持开放的身体姿势、适时的眼神交流和积极的面部表情，能够传达出自信和友好，促进信任和理解。

总之，无论是通过言语还是非言语方式，清晰表达都是建立有效沟通的关键。通过练习简洁明了的言语表达，以及注意和调整非言语信号，个人能够提高沟通的效果，确保信息的准确传达，从而在个人和职业生活中取得更好的成果。在现代社会，这种能力不仅有助于个人在职场中脱颖而出，也能够促进人际关系的和谐，增强团队的协作效率。

（三）建设性反馈

建设性反馈是促进个人和团队成长、优化工作表现的关键工具。

它不仅能帮助个体识别自己的优点和改进空间，还能促进团队内部的相互理解与协作。

1. 具体而积极：聚焦行为，促进成长

在给予反馈时，采用具体而积极的方式至关重要。这意味着反馈应集中于具体的行为和事件，而不是对个人性格或能力的笼统评价。通过描述特定的情况和行为，指出哪些做得好，哪些可以改进，能够帮助接收者在不感到被批评或打击的情况下明确如何调整自己的行动。此外，积极的反馈同样重要，它不仅是要指出改进空间，更重要的是要认可和表扬个人的努力和成就。这种正向的强化能够增强自信心，激发动力，使个体更有意愿接受和实施改进建议。

2. 双向沟通：建立开放的反馈文化

建设性反馈不应仅是从上至下的单向传递，而应是团队成员之间的双向沟通。鼓励团队成员互相提供反馈，不仅能增强团队内部的沟通和协作，还能促进一个开放、支持的工作环境。在这样的环境中，每个人都可以自由表达观点，分享观察，无论是对同事的表扬还是对改进的建议，都受到欢迎。双向沟通有助于建立互信，减少误解，使团队能够共同识别问题，分享成功，从而推动个人和团队的整体进步。为了促进这种文化，领导者应该起到模范作用，主动征求团队成员的反馈，展示对他人观点的尊重和价值。

总之，建设性反馈是促进个人和团队成长的有力工具。通过采用具体而积极的反馈方式，聚焦于行为而非个人，同时鼓励团队内部的

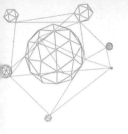

双向沟通，可以建立一个开放、支持的工作环境，促进成员之间的相互理解、信任和协作。这种文化不仅有助于提升个人的工作表现，还能增强团队的整体效能，推动组织朝着共同的目标前进。在实践中，领导者和团队成员都应该致力于培养和维护这种反馈文化，使之成为日常工作的一部分，为持续成长和改进奠定坚实的基础。

（四）共享目标与愿景

共享目标与愿景是构建高效团队的核心要素，它们不仅为团队成员提供方向，还激发了集体行动和创新。

1. 明确目标：协调努力，提升效率

明确目标是团队成功的关键，它确保所有成员都朝着同一个方向努力，减少冲突，提高协作效率。一个清晰的目标不仅告诉团队成员他们要达成什么，还明确了优先级和期望，使每个人都能够理解自己的角色和贡献如何影响整体成果。当团队目标明确时，成员们更容易做出决策，因为他们知道自己所做的工作与团队目标直接相关，这有助于保持专注和动力。此外，明确的目标还便于衡量进展，团队可以定期回顾是否正朝着目标前进，以及需要做出哪些调整以保持正轨。

2. 共同愿景：激发凝聚力和动力

共同愿景则超越了短期目标，它是一个长期的、鼓舞人心的方向，能够激发团队成员的内在动力，增强团队的凝聚力。愿景描绘了团队

希望实现的未来景象，它不仅表达了团队的理想状态，还反映了团队的价值观和使命。当团队成员对共同愿景有共鸣时，他们会感到自己的工作具有意义，这种感觉能够转化成强烈的归属感和使命感。共同愿景鼓励团队成员超越个人利益，为实现更宏大的目标而努力。它还促进了团队内部的协作，因为每个人都明白，只有通过共同努力，才能将愿景变为现实。

总之，共享目标与愿景是构建高效团队的基石。明确目标确保团队成员的行动协调一致，提高工作效率；而共同愿景则激发了团队成员的凝聚力和内在动力，使他们为了实现更宏大的目标而团结一心。领导者在设定目标和愿景时，应确保它们既具体可行，又能激发团队成员的热情，这样才可以真正促进团队的协作和创新，推动团队朝着成功的方向前进。在实践中，定期回顾和调整目标与愿景，以适应环境变化，也是保持团队动力和凝聚力的重要策略。

（五）促进包容性与多样性

促进包容性与多样性是现代工作场所中至关重要的议题，它不仅体现了对个体差异的尊重，还显著提升了团队的创新能力和绩效。

1. 尊重差异：促进创新与创造力

在多元化的团队中，每个成员都带来了独特的视角、经验和技能，这些差异是团队宝贵的资源。尊重差异意味着承认并珍视每个人的独特性，无论是文化背景、性别、年龄还是个人经历。这种尊重创造了

一个安全的环境，使得团队成员愿意分享自己的观点和想法。多样性带来的不同思维方式和解决问题的方法能够激发创新，促进创造性解决方案的产生。当团队成员感觉到他们的独特贡献被认可和重视时，他们更有可能积极参与，提出新颖的想法，从而推动团队向前发展。此外，多元化的工作环境还能够吸引更广泛的客户群体，因为团队能够更好地理解和满足不同市场的需求。

2. 包容性沟通：营造欢迎与尊重的氛围

包容性沟通是促进多元化团队合作的基石。这意味着在交流中使用平等待人的语言，避免使用可能引起偏见或歧视的表达方式。当团队成员在沟通中感到被理解和接纳时，他们更倾向于开放自己，建立信任。包容性沟通要求我们摒弃刻板印象，不基于种族、性别、年龄或其他身份标签来评判他人。相反，我们应该倾听每个人的声音，确保所有人都有机会发言，其意见得到平等对待。这包括在会议中给予每个人表达意见的空间，以及在日常对话中使用性别中立的语言。通过这样的沟通方式，我们可以创造一个更加和谐、相互尊重的工作环境，让每个人都能感受到自己的价值和重要性。

总而言之，促进包容与多样性要求我们在认识和尊重差异的基础上，构建一个开放和支持的环境。尊重差异鼓励团队成员发挥其独特的才能，促进创新思维的碰撞；而包容性沟通则确保了每个人都能在一个没有偏见和歧视的环境中自由表达，增强团队的凝聚力和效率。最终，这样的团队不仅能创造出卓越的业绩，还能成为引领社会变革的先锋，展现人类多样性的力量。

通过掌握沟通与协作的艺术，我们可以克服数智化转型中带来的挑战，建立一个充满活力、创新和效率的团队。这不仅能够促进个人成长，还能推动组织向前发展，实现共同目标。在人工智能日益融入我们生活的今天，这些技能变得比以往任何时候都更加重要。

第八章

创新思维与战略视野

在人工智能时代，创新思维和战略规划成为组织生存与发展的关键。人工智能技术的迅猛发展不仅改变了商业格局，也重塑了市场规则，要求领导者和组织具备前瞻性，以创新的视角和战略思维应对挑战，捕捉机遇。

一、数智化转型中的创新案例

（一）教育

在教育领域，人工智能正逐渐改变传统教学模式，为学生提供更加个性化和高效的学习体验。其中，个性化学习路径和自动批改作业是两大核心应用，它们通过技术创新来优化教学流程，提升教学质量。

个性化学习路径是人工智能技术在教育中的一项重要突破，它基于对学生学习习惯和进度的深度理解，为每位学生量身定制学习材料和课程安排。首先，人工智能系统收集和分析学生的学习数据，包括学习成绩、学习速度、学习风格等多维度信息，构建起每个学生的学习模型。基于此模型，人工智能能够精准推荐最适合学生能力水平和兴趣点的教学资源，如视频讲座、阅读材料或互动练习，确保学生能在舒适区边缘有效学习。更重要的是，人工智能会根据学生的学习进展和反馈动态调整学习路径，确保学习内容始终保持挑战性和相关性，同时促进学生自主学习能力和批判性思维的培养。

自动批改作业则是人工智能技术在教育管理上的革新，旨在减轻教师的工作负担，提高教学效率。人工智能系统能够对客观题进行快速准确的批改，如选择题、填空题等，通过与标准答案比对，即时给出评分反馈。对于需要主观评估的题目，如论述题或作文，人工智能利用自然语言处理技术来评估语法、拼写、逻辑连贯性和内容深度，确保评分的客观性和一致性。这种即时反馈机制不仅节省了教师大量的批改时间，也让学生能够及时了解自己的学习状况，加速学习进程。此外，教师可以将节省下来的时间用于更高质量的师生互动，如开展小组讨论、个别辅导或设计更具创意的课程内容，从而全面提升教育质量。

综上所述，人工智能在教育领域的应用正深刻改变着教学方式，它不仅为学生提供了更加个性化和灵活的学习路径，也极大地提升了教师的教学效率和教育效果，预示着未来教育将更加智能化、个性化和高效化。

（二）娱乐

人工智能算法在内容推荐系统中的应用，已经深刻改变了人们发现和享受娱乐的方式。当用户在流媒体平台上浏览电影、聆听音乐或寻找新书时，背后是一套复杂的机器学习模型在工作，这些模型能够根据用户的个人喜好、观看历史，甚至情绪状态，提供高度个性化的

建议。这一过程始于数据收集，平台记录每一次点击、播放、跳过、点赞或评论，这些行为数据被转化为特征向量，输入到人工智能模型中。通过监督和无监督学习，算法可以识别出用户的偏好模式，比如喜欢的类型、导演、艺术家或主题，以及观看时间、频率等上下文信息。随后，通过协同过滤、内容基础推荐或混合方法，人工智能能够预测用户可能感兴趣的内容，并将其推送到用户的推荐列表中。这种个性化推荐不仅提升了用户体验，还帮助内容创作者触及更广泛的受众，促进了文化多样性和创新。

虚拟现实（VR）和增强现实（AR）技术的兴起，进一步拓展了人工智能在娱乐和教育领域的应用边界。人工智能增强了 VR 和 AR 的沉浸感和交互性，创造出前所未有的虚拟体验。在内容生成方面，人工智能可以自动生成逼真的 3D 环境、角色和故事线，基于用户的行为和选择实时调整场景，使得每次体验都独一无二。例如，在一款 VR 游戏中，人工智能可以根据玩家的决策动态生成新的关卡和剧情，让游戏体验更加丰富和不可预测。在 AR 应用中，人工智能能够识别真实世界的物体和空间，将虚拟元素无缝融合进来，创造出互动性强且富有教育意义的场景，如历史重演、科学实验模拟等。此外，人工智能还能优化 VR/AR 设备的性能，如减少延迟、提高图形渲染质量和声音定位精度，使用户获得更加流畅和真实的感官体验。总之，人工智能与 VR/AR 的结合，正在重新定义我们如何感知世界，探索知识，享受娱乐，预示着一个充满无限可能的未来。

（三）企业服务

360 公司作为中国网络安全与互联网服务领域的领军企业，近年来积极布局人工智能领域，推出了多款融合人工智能技术的产品和服务，其中"360 浏览器智脑版"和"360AI 文档助手"尤为引人注目。360 浏览器智脑版是一款集成人工智能功能的网络浏览器，它通过深度学习和自然语言处理技术，能够理解用户的搜索意图，提供更为精准的搜索结果，同时还能根据用户的浏览习惯和兴趣偏好，推送个性化的内容。这不仅极大地提升了用户的搜索效率，也使信息获取变得更加智能和便捷。而 360AI 文档助手则专注于文档处理领域，利用人工智能技术自动完成文档分类、摘要生成、关键词提取等任务，帮助用户快速整理和管理大量文档，节省时间和精力，提高工作效率。

与此同时，华为作为全球领先的信息与通信技术（ICT）解决方案提供商，也不断深化其在人工智能领域的技术积累，为企业级客户提供强大的数据处理和分析能力。"华为 AI 数据湖解决方案"旨在构建一个灵活高效的数据存储和处理平台，它能够汇聚来自不同来源的大规模数据，包括结构化、半结构化和非结构化数据，通过先进的数据分析和机器学习算法，帮助企业挖掘数据价值，推动业务创新和决策优化。华为的高性能 NAS 存储 OceanStor A800，更是专为人工智能训练和高性能计算设计，提供了极高的读写速度和存储容量，确保了大规模数据集的快速访问和处理能力。这些产品和服务的推出，标志着华为致力于为企业提供全面的数据基础设施，支撑数智化转型中的数据驱动型业务转型，助力企业实现智能化升级，把握数智化转型

187

的机遇。

（四）汽车行业

自动驾驶技术代表了交通运输领域的一项重大革新，它融合了人工智能、传感器技术和深度学习，赋予车辆自主决策和操作的能力，从而实现在无需人类驾驶员直接控制下的安全行驶。车辆上装备的各种传感器，包括摄像头、激光雷达、雷达和超声波传感器，持续不断地采集周围环境中的数据，从识别道路标志到监测其他车辆和行人的动态。这些传感器收集的信息被传输至车载计算机系统，通过深度学习算法进行处理，使车辆能够理解和预测环境变化，做出相应的驾驶决策，比如加速、减速、变道或停车。此外，人工智能还能够利用实时交通数据规划最优路线，避免拥堵，从而提升整体交通效率和安全性。

在故障预测与维护方面，人工智能同样发挥着关键作用，通过实时监测车辆各部件的状态，预测潜在的机械问题。这种预测性维护策略依赖于收集和分析大量的车辆运行数据，包括发动机性能、制动系统健康、电池状态等。人工智能系统能够识别出异常模式，甚至是在问题凸显之前，通过对比历史数据和当前运行参数，提前发出预警。这样一来，车辆维护就可以从传统基于时间表的定期检查转变为基于状态的按需维护，大大缩短了因突发故障导致的停机时间，减少了维修成本，同时也提高了车辆的可靠性和安全性。

个性化服务是人工智能在汽车领域的另一项重要应用，它能够根据驾驶者和乘客的个人偏好，自动调整车内环境和功能设置。例如，通过学习和记忆用户的喜好，人工智能可以自动调节车厢内的温度、湿度，播放用户喜爱的音乐类型，或是根据之前的出行记录建议最佳路线。更进一步，人工智能系统还可以通过面部识别和语音识别技术，为不同的驾驶者提供定制化的座椅位置、后视镜角度和信息娱乐系统设置，确保每次驾驶体验都符合个人的习惯和需求。这种高度个性化的交互方式，不仅提升了驾乘舒适度，还为未来的智能出行体验设定了新的标准。

二、领导者如何激发创新

在数智化转型中，领导者扮演着激发创新的关键角色。他们需要具备远见卓识，识别并拥抱技术变革，同时建立一种鼓励创新的企业文化。

（一）培养创新思维

鼓励团队成员思考"如果……将会怎样？"的问题，打破常规思维，探索新的可能性。领导者应该提供资源和空间，让员工尝试新想法，即使面临失败也不受惩罚。培养创新思维是现代领导力的核心要素之一，特别是在快速变化和高度竞争的商业环境中。领导者应当主动营造一种鼓励创新的企业文化，激发团队成员敢于质疑现状，勇于探索

未知领域。这不仅是一种口号或理念，还是需要实际行动和政策支持的具体体现。

领导者应鼓励团队成员思考那些挑战常规的问题，比如"如果我们不遵循现有的规则，会发生什么？"或者"如果我们将 A 和 B 两个看似不相关的概念结合起来，会诞生怎样的创新？"这类问题能够促使员工跳出传统思维框架，探索新的可能性。这种思维方式要求团队成员具备好奇心和开放性，愿意接受新鲜事物，敢于尝试未曾涉足的领域。

以华为公司为例，华为深知创新对于企业在全球通信领域立足的重要性，为此投入了大量资源，并建立了一系列行之有效的机制来支持创新活动。

首先，华为设立了专门的创新基金。面对 5G 等前沿技术研发这类高风险但一旦成功将带来巨大潜在回报的项目，创新基金毫不犹豫地给予资助。例如在 5G 基站建设技术研发初期，研发难度极高，需要攻克诸多技术难题，资金投入巨大且短期内看不到明显收益，但华为坚信其未来前景，利用创新基金全力支持研发团队，使得 5G 技术得以快速突破，为华为在全球 5G 市场抢占先机奠定了基础。

其次，华为积极组建跨部门的创新团队。通信技术涉及芯片研发、软件开发、网络架构等多个领域，华为打破部门壁垒，从各专业领域选拔专家组成创新团队。就拿手机芯片研发来说，需要芯片设计专家、算法工程师、通信技术专家等共同协作。不同领域专家凭借各自的专业知识和经验，在遇到诸如芯片发热、信号传输不稳定等难题时，能够从多个角度分析问题、提出解决方案，最终攻克难题，让华为手机芯片性能不断提升，具备强大的市场竞争力。

最后，华为构建了敏捷的组织结构。在市场需求瞬息万变的通信行业，快速响应至关重要。当市场对折叠屏手机有潜在需求反馈时，华为的敏捷组织迅速行动，研发、设计、生产等部门紧密配合，将创新想法快速转化为实际成果。从折叠屏手机的概念提出，到样机制作，再到量产上市，整个过程高效流畅，确保华为能够及时满足市场需求，引领行业潮流。

只有领导者具备这些技术知识与数据处理能力，才能充分驾驭人工智能工具，让数据真正驱动企业决策，实现企业的持续进步与发展。

总之，培养创新思维需要领导者创造一个安全的环境，让员工感到自己被赋权去探索、实验和学习。通过鼓励提问、提供资源、容忍失败，领导者能够激发团队的创造力，推动组织向前发展，迎接未来的挑战。

（二）建立跨学科团队

跨领域的合作可以激发创新的火花。将不同背景的人员聚集在一起，可以促进知识的交叉融合，产生创新的解决方案。在当今复杂多变的商业环境中，创新已成为企业持续增长和竞争优势的关键驱动力。而创新的源泉往往存在于不同领域的交汇处，这促使领导者重新思考团队构建的策略，以促进跨学科合作。跨学科团队，即由来自不同专业背景的人员组成的团队，成为激发创新思维和推动项目成功的有效途径。

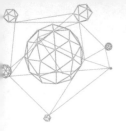

跨学科团队的核心优势在于其成员能够从各自的专业领域带来独特的视角和技能，这种多样性促进了知识的交叉融合，为解决复杂问题提供了多维度的视角。例如，数据科学家擅长数据分析和模型构建，能够从海量数据中挖掘有价值的信息；设计师拥有敏锐的审美和用户体验意识，能够确保产品的直观易用；工程师精通技术实现，能够将创意转化为实际可行的解决方案；而市场专家则能洞察消费者需求，确保产品与市场需求紧密对接。当这些角色在一个团队中协同工作时，他们不仅能够互补各自的不足，还能在碰撞中激发出新的创意火花，共同孕育出既具有技术深度又能满足市场需求的创新产品或服务。

领导者在组建跨学科团队时，需要精心策划，确保团队成员之间能够有效沟通和协作。这通常涉及明确团队目标，制定共同的工作流程，以及建立一个促进知识共享和相互尊重的文化。团队成员需要被鼓励分享自己的专业知识，同时保持开放心态，愿意学习他人的专长。通过定期的团队建设活动、跨部门研讨会和联合项目，领导者可以加强团队内部的联系，促进不同背景成员之间的理解和信任，从而为创新思维的碰撞提供肥沃土壤。

例如，苹果公司在开发 iPhone 时，就集合了硬件工程师、软件开发者、设计师、市场营销专家等多个领域的精英，他们共同攻克技术难题，定义用户体验，最终打造出了革命性的智能手机，彻底改变了通讯行业。这个例子生动说明了跨学科团队在创新过程中的重要性，以及如何通过整合多元视角来创造突破性的成果。

总之，跨学科团队的构建是现代领导者促进创新的重要手段。通过充分利用成员间的专业差异，领导者能够激发团队的集体智慧，推动组织在不断变化的市场环境中保持竞争优势，实现可持续发展。

（三）持续学习与培训

为员工提供学习人工智能和相关技术的机会，使他们能够跟上行业发展的步伐，同时也培养了团队的创新能力和适应性。在当今这个由人工智能主导的数字时代，技术的快速发展要求所有行业的专业人士不断更新自己的知识体系，以保持竞争力。终身学习不再是一种选择，而是成为职业成功和个人成长的基石。对于领导者而言，他们肩负着为团队成员提供持续学习与专业发展机会的责任，以确保整个组织能够跟上行业发展的步伐，拥抱新技术，激发创新潜能，从而在激烈的市场竞争中脱颖而出。

领导者应该认识到，持续学习不仅关乎员工个人的成长，更是组织整体适应性和竞争力的体现。通过定期的培训和教育计划，员工可以掌握最新的人工智能技术，如机器学习、深度学习、自然语言处理等，以及其他与行业相关的前沿知识，如数据分析、云计算和物联网。这些技能不仅能够提升员工的个人效能，还能促进团队之间的协作，增强团队解决问题的能力，推动组织内部的创新氛围。

为了实现这一目标，领导者可以采取多种策略。首先，可以与专业的培训机构或在线学习平台合作，为员工提供定制化的课程，涵盖从基础知识到高级技能的全方位培训。其次，鼓励员工参加行业会议、研讨会和工作坊，与同行交流，了解最新趋势，拓宽视野。最后，内部建立知识分享机制，如定期的技术交流会、经验分享会，让员工有

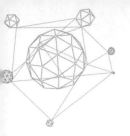

机会展示自己的专长，同时也能从同事那里学习到新的知识和技能。

此外，领导者还应倡导一种学习型组织文化，鼓励自我驱动的学习态度，为员工提供充足的时间和资源去探索个人兴趣领域，支持他们在工作中实践新学到的知识。通过设立学习基金、奖励制度或职业发展路径，激励员工积极参与学习，将所学知识应用于实际工作中，从而形成一个良性循环，不断提升团队的综合能力。

总之，在数智化转型中，持续学习与培训对于个人和组织来说都是至关重要的。领导者通过提供学习机会，不仅能提升员工的技能，增强团队的创新能力，还能确保组织能够迅速响应行业变革，抓住机遇，应对挑战，实现长期的成功和可持续发展。

（四）设定创新目标

将创新纳入组织的战略目标，明确创新的方向和预期成果，激发团队的积极性。在瞬息万变的商业环境中，创新已成为企业生存和繁荣的关键。将创新融入企业的战略规划，并设定清晰的创新目标，不仅是推动组织前进的动力，也是引导团队集中精力、追求卓越的灯塔。创新目标的设定应当是一个精心策划的过程，旨在平衡挑战性与可行性，确保每一项创新举措都能与企业的长远愿景保持一致。

首先，创新目标的设定必须具有挑战性，以激发团队的潜力和创造力。这些目标应当超越常规，鼓励团队成员跳出舒适区，探索未知领域，挑战现有假设和限制。挑战性的目标能够激发团队的斗志，推动他们超越自我，追求卓越。例如，设定"在未来三年内，研发出至少三项颠覆性技术，以改变行业格局”的目标，就足以激励团队成员投入更多精力，探索前沿科技，为实现企业的长期愿景贡献力量。

其次，创新目标需要具备可行性，确保团队能够看到实现目标的可能性和路径。这意味着目标应当基于对市场趋势、技术成熟度和团队能力的深入理解，设定合理的时间框架和资源配置。一个可行的目标能够为团队提供清晰的方向，让他们知道如何分配资源，如何调整策略，以及何时庆祝阶段性胜利。例如，“在接下来的一年内，通过优化生产线，减少至少 20% 的生产成本，同时提高产品质量”，这样的目标既有挑战性，也具备可实现性，能够引导团队采取具体行动，实现短期和中期的创新成果。

再次，创新目标需要包含量化指标，以便于追踪和评估创新活动的成效。这些指标可以是财务回报、市场份额增长、客户满意度提升、专利申请数量或新产品上市时间等，它们为创新活动设定了具体的衡量标准，帮助团队明确目标达成的标志。通过定期监控这些指标，领导者可以及时调整策略，确保创新活动与企业的整体战略保持同步，同时也能为团队提供及时的反馈，增强其动力和信心。

总之，将创新融入企业战略规划，并设定清晰、挑战性与可行性兼备的创新目标，是推动组织持续创新、实现长期成功的关键。通过设定这些目标，领导者不仅为团队指明了方向，也激发了他们的创新精神，为企业的持续发展注入了源源不断的活力。

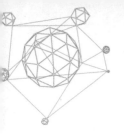

（五）促进开放沟通

建立一个开放的沟通环境，让团队成员能够自由地分享想法，无论是管理层还是基层员工，都应该感到自己的声音被听见。在现代组织中，促进开放沟通被视为激发创新、增强团队凝聚力和提升整体绩效的关键因素。建立一个透明、包容的沟通环境，意味着领导者需要积极营造一种文化，使团队成员感到安全和鼓励，能够自由地表达自己的想法、意见甚至是担忧，而不用担心遭受批评或忽视。这种环境的构建对于激发创新至关重要，因为它鼓励多元化的声音和视角，促进了思维的碰撞，为新想法的产生创造了肥沃的土壤。

领导者可以通过多种方式促进开放沟通，其中最重要的是定期组织头脑风暴会议、创新研讨会或开放论坛。这些场合不仅为团队成员提供一个展示自己创意的平台，还鼓励跨部门的交流与合作，打破了信息孤岛，促进了知识和经验的共享。在这样的环境中，每个人都有机会发言，无论是基层员工还是高层管理者，都可以贡献自己的见解，这不仅提升了决策的质量，还增强了团队成员的归属感和参与感。

为了确保沟通的有效性和包容性，领导者应该制定明确的规则，确保每个人的意见都被平等对待，避免任何形式的偏见或歧视。这意味着要培养一种倾听的文化，其中领导者和团队成员都展现出耐心和尊重，认真听取他人观点，即使这些观点与自己的立场相左。通过这样的实践，团队可以建立起相互信任的基础，成员们会更加自信地分享自己的想法，即使是最微小的灵感也可能成为下一个伟大创新的起点。

此外，领导者还可以利用技术工具来促进沟通，如企业社交媒体平台、在线协作工具和虚拟会议软件，这些工具能够跨越地理界限，让远程工作的团队成员也能参与到开放对话中来，确保信息的畅通无阻。

总之，促进开放沟通是领导者的一项重要职责，它能够为组织带来诸多益处，包括但不限于激发创新、增强团队合作、提高决策质量以及提升员工满意度。通过持续努力，领导者可以构建一个真正的开放沟通环境，让每个声音都被听见，每个想法都得到尊重，从而推动组织不断向前发展，迎接未来的挑战。

三、构建未来的战略规划

在数智化转型中，构建战略规划需要考虑技术趋势、市场动态和潜在的竞争威胁。领导者和决策者应该做到如下几件事。

（一）预见技术趋势

密切关注人工智能和相关技术的发展，预判未来可能的突破，为组织做好准备。在人工智能和相关技术日新月异的时代，领导者扮演着预见未来趋势、引领组织发展方向的关键角色。为了保持组织的竞争力和创新力，领导者必须对 AI 及其关联领域的发展保持高度关注，这些领域包括但不限于机器学习、自然语言处理、机器人技术、物联

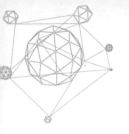

网以及大数据分析。通过深入了解这些技术的最新进展，领导者能够洞察未来的突破点，为组织制定前瞻性的战略规划，确保在快速变化的市场环境中占据有利地位。

领导者可以通过多种渠道获取关于技术趋势的信息。定期阅读和分析学术论文，可以让他们接触到最前沿的研究成果和理论框架，了解人工智能技术的潜在应用和局限性。行业报告则提供了市场动态、竞争格局和用户需求的全景视角，有助于领导者评估技术的商业潜力和风险。参加国内外的技术会议和研讨会，不仅能够与同行交流心得，还能直接接触最新的产品演示和技术演示，感受技术的实际应用效果。与领域内的专家和顾问建立联系，通过定期的交流和咨询，可以获得专业的意见和建议，帮助领导者更准确地判断技术的发展方向和时机。

基于对技术趋势的深入理解，领导者可以做出明智的决策，比如在人工智能算法的研发上加大投入，或是探索人工智能技术在产品和服务中的创新应用。通过自主研发或与外部合作伙伴共同开发，组织可以率先将人工智能技术融入核心业务流程，提高运营效率，优化客户体验，从而在竞争中获得先发优势。例如，通过运用机器学习改进供应链管理，企业可以实现库存的精细化控制，减少浪费，提升响应速度；在客户服务领域，借助自然语言处理技术，企业能够提供更加智能、个性化的客户支持，增强用户黏性。

总之，预见技术趋势是领导者在数智化转型中的一项核心能力。通过持续学习和广泛交流，领导者能够把握技术发展的脉搏，为组织制定出既符合市场趋势又具有前瞻性的战略规划。这不仅能够推动组织的技术创新，还能确保在激烈的市场竞争中保持领先地位，为组织的可持续发展奠定坚实基础。

（二）灵活调整战略

制定灵活的战略规划，能够快速响应市场变化，包括调整产品、服务和商业模式。在当今这个由技术革新驱动的高速变化的市场环境中，灵活性已经成为组织成功的关键要素。领导者必须具备敏捷的战略思维，能够快速响应市场波动，调整组织的方向和策略，以确保持续的竞争优势。这不仅体现在对产品组合的灵活调整上，还涉及服务模式和商业模式的根本转变，特别是在人工智能技术日益成熟的背景下。

当人工智能技术达到足够成熟，能够有效地替代部分人工服务时，组织必须审视自身的业务模式，考虑如何更好地利用人工智能来提升用户体验和增加增值服务。例如，传统的客服部门可能需要转型，采用人工智能聊天机器人来处理基本查询，释放人力去处理更复杂的问题或提供更个性化的服务，从而提升客户满意度。此外，人工智能在数据分析和预测方面的强大能力，可以帮助企业更精确地理解客户需求，定制化产品，实现从"大规模生产"向"大规模定制"的转变，满足市场的多样化需求。

领导者在制定战略时，还应时刻保持对外部环境的敏感性，包括竞争对手的动态、行业趋势、技术发展和消费者行为的变化。通过持续的市场调研和数据分析，领导者能够捕捉到新兴的市场机会，如新的消费热点、未被满足的市场需求等，及时调整产品开发和营销策略，

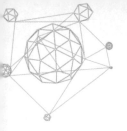

抢占市场先机。同时，面对潜在的威胁，如新兴竞争者的挑战、技术替代的风险等，领导者也应迅速做出反应，通过创新或合作等方式，化解危机，保持组织的稳健发展。

灵活调整战略的能力要求领导者具备高度的适应性和决策效率。这往往需要建立一个敏捷的组织架构，打破传统层级制的束缚，鼓励跨部门的协作和快速迭代的项目管理方式。同时，领导者还应培养组织内部的创新文化和学习氛围，让员工习惯于面对变化，勇于尝试新思路，从而在整个组织层面构建起应对不确定性的韧性。

总之，灵活调整战略是领导者在数智化转型中必须掌握的一项核心能力。通过不断审视和调整产品组合、服务模式和商业模式，领导者能够确保组织紧跟市场趋势，抓住机遇，规避风险，实现可持续的增长和成功。

（三）投资研发

在人工智能和创新领域进行持续的投资，无论是内部研发还是与外部伙伴的合作，都是保持竞争力的关键。在人工智能与创新技术引领的数字经济时代，持续的研发投入成为企业维持竞争优势不可或缺的一环。领导者必须认识到，投资于人工智能及相关领域的研发，不仅仅是对技术本身的投入，更是对未来市场趋势的预判和把握。这不仅包括内部研发团队的建设和能力提升，还涵盖了与外部合作伙伴，如大学、研究机构以及创新型初创公司的合作，目的是获取前沿技术洞见，加速科技成果的商业化进程，确保企业站在技术革新的前沿。

内部研发团队是企业技术创新的基石。领导者应投资于建设一个多元化、高技能的研发团队，提供必要的资源和设施，鼓励团队成员进行跨学科研究，探索人工智能在各个业务领域的应用潜力。同时，通过持续的培训和教育，提升团队成员的专业技能，保持团队的创新活力和市场敏感度。内部研发的优势在于能够直接服务于企业战略目标，确保技术开发与业务需求的高度契合。

外部合作则为企业打开了通往更广阔创新生态的大门。与大学和研究机构的合作，可以为企业提供最新的科研成果和理论支持，弥补内部研发的局限性。而与初创公司的合作，则能够引入更加灵活的创新机制和市场导向的思维，加速新技术的市场验证和商业化。通过建立开放式的创新网络，企业可以更快地接触到新兴技术，评估其商业潜力，适时采纳，从而在竞争中保持领先。

领导者在决定研发投资方向时，需要进行深入的市场和技术分析，评估哪些技术对组织的长期目标最为关键。这可能包括人工智能算法的优化、大数据分析能力的提升、物联网技术的应用、自然语言处理的创新等。同时，保持对新兴技术的关注，如量子计算、生物技术与人工智能的融合等，以备未来之需。通过有选择性地投资于这些关键技术领域，企业不仅能够巩固现有优势，还能开拓新的增长点，实现可持续发展。

总之，投资研发是企业保持竞争力的长期战略。通过构建内外结合的研发体系，领导者能够确保企业掌握核心技术，推动产品和服务的创新，最终在激烈的市场竞争中脱颖而出。同时，对新兴技术的持续关注和适时采纳，将为企业开辟新的增长路径，引领行业变革。

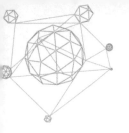

（四）培养人才生态

构建一个能够吸引、培养和留住人工智能人才的生态系统，确保组织在技术变革中拥有核心竞争力。在人工智能成为全球竞争焦点的当下，构建一个能够吸引、培养和留住顶尖人工智能人才的生态系统，对于任何希望在这一领域取得突破的组织来说，都显得至关重要。这一生态系统的构建不仅关乎技术的先进性，更深层次地关系到组织的创新能力和长期竞争力。

首先，提供有竞争力的薪酬是吸引人工智能人才的首要条件。由于人工智能领域的人才稀缺且需求旺盛，高薪成为吸引优秀人才的基本门槛。除了基本薪资，组织还应考虑提供股权激励、绩效奖金等额外福利，以彰显对人才的重视和对创新的承诺。

其次，良好的工作环境是留住人才的关键。这包括开放、包容的公司文化，鼓励创新和团队协作的空间，以及配备先进设施的工作场所。一个能够激发创造力、促进知识共享的环境，能够让人工智能人才感受到工作的价值和乐趣，从而提高他们的工作满意度和忠诚度。

职业发展机会也是人工智能人才非常看重的因素。组织应提供清晰的职业晋升路径，包括技术专家、项目经理、团队负责人等多元化的职业角色，满足人才的不同职业发展目标。此外，定期的绩效评估和职业规划指导，可以帮助人工智能人才明确个人成长的方向，增强他们对组织的归属感。

持续的教育和培训资源对于保持人工智能人才的技能与时俱进至关重要。组织应投资于内部培训项目，邀请行业专家进行定期讲座，同时鼓励员工参加外部研讨会、认证课程，甚至攻读学位，以保持其在人工智能领域的前沿知识和技能。

与高校合作，参与人才培养计划，是组织吸引人工智能人才的另一个有效途径。通过资助研究项目、设立奖学金、提供实习机会，组织可以与学术界建立紧密联系，提前锁定潜在的人工智能人才。此外，举办技术研讨会等社区活动，不仅能提升组织的品牌形象，还能直接吸引对人工智能充满热情的外部人才，为组织的人才库注入新鲜血液。

总之，构建一个完善的人工智能人才生态系统，需要组织在薪酬、工作环境、职业发展和教育培养等多方面进行系统性的规划和投入。通过营造一个有利于人才成长和创新的环境，组织不仅能够吸引和留住顶尖人工智能人才，还能激发团队的创新潜力，推动组织在人工智能领域持续领先。

（五）风险管理

识别并评估人工智能应用可能带来的风险，包括数据安全、隐私保护和伦理问题，制定相应的风险管理策略。在人工智能广泛应用的背景下，风险管理成为组织不可忽视的关键环节。人工智能技术虽然带来了巨大的创新潜力和效率提升，但也伴随着一系列潜在风险，如数据安全漏洞、隐私侵犯以及伦理道德争议等。这些风险不仅可能损害组织的声誉，还可能触犯法律法规，导致经济损失和法律诉讼。因此，领导者必须高度重视人工智能风险管理，采取积极措施，确保组织的人工智能应用在促进业务发展的同时，也能保障数据安全、尊重隐私

并符合伦理标准。

首先，建立健全的数据治理框架是防范数据安全风险的基础。这包括实施严格的数据加密、访问控制和审计机制，确保数据在收集、存储、处理和传输过程中的安全。组织应定期进行数据安全演练和风险评估，及时发现并修复潜在的安全漏洞，遵守相关的数据保护法规，如欧盟的《通用数据保护条例》或其他国家和地区的规定，确保合规性。

其次，制定透明的人工智能使用政策，明确告知用户数据如何被收集、使用和保护，是赢得公众信任的关键。这要求组织在设计人工智能产品和服务时，充分考虑到用户隐私，采用最小化数据收集原则，只收集实现服务功能所必需的数据，并提供用户数据控制选项，如数据访问、修改和删除的权利。此外，组织应公开其人工智能算法的决策逻辑，尤其是在涉及敏感决策时，如信贷审批、招聘筛选等，确保决策过程的公正性和透明度。

最后，设立伦理审查委员会，评估人工智能项目的伦理影响，是确保人工智能应用符合社会价值观和伦理准则的重要步骤。伦理审查委员会应由跨学科专家组成，包括技术专家、伦理学者、法律专家和社会学家等，负责审查人工智能项目的潜在伦理风险，如偏见、歧视、公平性等问题，并提出改进建议。组织应将伦理审查作为项目立项和推进的必要程序，确保人工智能技术的开发和应用能够促进社会福祉，避免对特定群体造成伤害。

通过主动管理人工智能应用的风险，组织不仅能够规避潜在的负面影响，还能够树立负责任的形象，赢得公众的信任和支持。这不仅有助于构建健康稳定的市场环境，也为组织的长期发展奠定了坚实的道德和法律基础。在数智化转型中，风险管理不再是简单的合规要求，而是组织核心竞争力的重要组成部分。

综上所述，数智化转型中的创新思维与战略规划要求领导者具备前瞻性和创新精神，通过培养创新文化、促进跨领域合作和持续学习，以及制定灵活的战略规划，组织才能够在快速变化的市场中保持领先地位，开创未来。

第九章

构建信任与透明度

在人工智能日益成为社会和商业领域核心驱动力的背景下，构建信任与透明度变得至关重要。随着人工智能技术的普及，它在决策过程中的影响力不断增强，对个人隐私、数据安全和伦理道德产生了深远影响。因此，建立一个基于信任和透明度的人工智能环境，不仅能够促进技术的健康发展，还能增强公众对人工智能应用的信心，促进社会的整体福祉。

一、信任在人工智能环境中的重要性

（一）增强用户信心

1. 可解释性减少神秘感

人工智能系统，尤其是那些基于深度学习的复杂模型，因其高度复杂的内部架构与运算机制，常被比喻为"黑箱"。这些模型能够在海量数据中识别出精细且复杂的模式，但它们的决策过程往往难以被直观理解和解析，即便是对于系统的设计者而言也不例外。这一特性导致了两个核心挑战：缺乏透明度以及由此引发的信任问题。

首先，深度学习模型内部由多层神经网络构成，每次输入数据都要经过一系列加权计算与激活函数的作用，最终形成输出结果。在这个过程中，每一步骤的输出都紧密依赖于前一步骤的计算结果，且每一层的权重是在训练阶段自动调整以最小化预测误差的。即便我们知晓模型的基本架构，面对成千上万的参数与连接，追踪从输入到输出的具体路径变得异常困难，这便是所谓的"黑箱"效应。

其次，这种不透明性直接引发了用户对人工智能系统决策的信任问题。在医疗健康、金融服务、司法判决等需要高度准确性和责任感的领域，若一个人工智能系统推荐了某种治疗方案、投资策略或是法律判决，但无法清晰解释其背后的逻辑与依据，那么无论是专业人员还是普通用户，都很难无条件地接受和采纳这些建议。这种信任的缺失严重制约了人工智能技术的实际应用范围和影响力。

为了克服这些挑战，提升人工智能的可解释性成为研究的重要方向。通过引入各种技术手段，比如可视化决策路径、展示权重分布、特征重要性分析、生成决策树或规则集等，可以逐步揭示人工智能决策的内在逻辑，让其决策过程对人类用户变得透明可见。这不仅有助于用户理解人工智能如何得出特定结论，还能够增强用户对人工智能系统的信心，在需要做出关键决策的情境下尤为重要。

具体来说，提高人工智能可解释性的方法包括使用解释器工具，如 LIME（Local Interpretable Model-Agnostic Explanations）和 SHAP（SHapley Additive exPlanations），这些工具能够针对单个预测结果提供解释，明确指出哪些特征对决策结果产生了重大影响；采用更简单直观的模型结构，尽管可能在精度上有所折中，但提供了更易于理解的决策过程；利用注意力机制，使模型能够突出显示输入数据中最

209

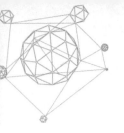

具决策价值的部分；以及开发生成式解释能力，使人工智能系统能够
自动生成文本描述，详细说明其决策的理由与依据。通过这些努力，
人工智能系统正逐步从"黑箱"中走出，展现出更高的透明度和可信度，
为人类社会带来更加安全、可靠的技术体验。

2. 增强用户控制感

当用户能够洞察人工智能系统的工作原理时，他们获得的不仅仅
是知识上的满足，更重要的是在个人数据使用和决策过程中的自主权
得到了显著增强。这种透明度如同一把钥匙，开启了用户对人工智能
系统的深层次理解之门，使得他们能够更清晰地看到自己的数据是如
何被处理、分析，并最终用于产生个性化建议或决策的。这种控制感
的提升，对于构建用户与人工智能技术之间的桥梁至关重要。

随着人工智能技术日益渗透到日常生活的各个角落，从智能助手
的语音识别到社交媒体的信息流定制，再到医疗诊断的支持，用户越
来越意识到自己数据的价值及其在算法决策中的作用。当人工智能系
统不再被视为不可知的"黑箱"，而是能够向用户展示其决策逻辑和
数据使用方式时，它实际上赋予了用户一种新的权力——理解并参与
到影响自身生活的决策流程中。这种参与感的提升，让用户感觉自己
不再是被动的数据贡献者，而是成为与人工智能共同创造解决方案的
合作伙伴。

更重要的是，透明的人工智能操作模式增强了用户对个人隐私和
选择的感知。在数据驱动的世界里，个人隐私保护已成为公众关注的
焦点。当人工智能系统能够清晰地告知用户数据的收集、存储和使用

细节，甚至允许用户调整或限制数据共享的程度时，它传递了一种尊重和信任的信号。这种尊重体现在用户能够根据自己的偏好和舒适度来管理个人信息的边界，而信任则源于用户确信他们的数据不会被滥用，且人工智能决策是公正和无偏见的。

综上所述，人工智能的可解释性和透明度不仅提升了用户体验，还加深了用户对人工智能技术的信任与接纳。这种双向的信任建立在人工智能系统开放其内部运作机制的基础上，让用户感到自己不仅被听见，而且被重视。这种互动式的透明性是未来人工智能伦理和设计的核心原则之一，它确保了技术的进步能够与人类的价值观和社会期望保持一致，共同推动一个既智能又负责任的数字未来。

3. 提升决策接受度

在人工智能系统日益融入我们的日常生活之际，其决策过程的透明度变得至关重要。即便人工智能的决策也偶尔会偏离用户的预期或直觉，如果系统能够提供详尽的决策依据，包括所依据的数据类型、使用的算法逻辑以及决策制定的具体步骤，用户往往更能接受并理解这些结果。这种透明度不仅仅是一种技术上的实现，更是建立在人机交互基础上的信任构建过程。

当人工智能系统能够清晰地阐述其决策过程，用户得以洞悉算法背后的思考模式，这不仅增加了决策的可预见性，也为用户提供了一个评估和反思的机会。通过了解人工智能是如何根据特定数据集进行学习和推断的，用户能够衡量决策的合理性和公正性，即便他们可能并不完全同意最终的结论。这种透明度促进了理性讨论的空间，而非

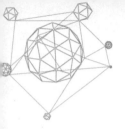

盲目的接受或拒绝，进而促进了人与机器之间更为成熟和理智的互动。

透明的人工智能系统允许用户追溯决策路径，检查算法是否考虑了所有相关因素，是否存在偏见或错误，以及决策是否符合伦理标准。这种开放性不仅增强了用户的控制感，也促使人工智能开发者更加注重算法的公正性和准确性。当用户可以理解和质疑人工智能的决策依据时，它推动了算法的持续优化，以更好地服务于人类社会的目标和价值观。

此外，透明度还有助于弥合技术专家与非专家之间的信息鸿沟。通过简化复杂的算法概念，用平易近人的语言解释人工智能的决策逻辑，可以消除普通用户对人工智能的恐惧和误解，促进更广泛的社会接纳和技术普及。人们不再将人工智能视为不可预测的"黑箱"，而是能够与其进行有意义的对话，这标志着人工智能真正成为服务于人类智慧的工具，而非令人畏惧的未知力量。

总之，透明度是人工智能发展的一个关键方面，它不仅关乎技术性能的提升，更是关乎人机共存的和谐关系。通过确保人工智能决策的可解释性，我们可以构建一个更加包容、公平和理性的未来，其中技术进步与人类福祉相互促进，共同塑造着我们共同的数字命运。

（二）促进伦理合规

1.可解释性促进公平性

在人工智能系统日益成为决策制定的重要工具的时代，它们在处理海量数据并做出决策的过程中，有时会无意中复制甚至放大历史数据中固有的偏见。这种现象源于人工智能模型的学习过程，它们依赖于大量数据来识别模式和趋势，然而，如果训练数据本身带有偏见，无论是有意还是无意的，人工智能系统都有可能学习并强化这些偏见，导致决策偏向于某一特定群体，而对其他群体不公平。

透明度在此背景下显得尤为关键。它允许我们深入检查人工智能的决策过程，从最初的输入数据选择到特征工程，再到算法的结构设计，直至最终的决策输出。这种深度洞察不仅提供了对人工智能内部工作原理的理解，更重要的是，它为我们提供了一个识别和纠正潜在不公平模式的途径，确保算法在处理不同群体信息时保持一致性和公正性。

例如，通过分析人工智能系统在决策时认为重要的特征，我们可以发现某些特征可能对特定群体不利，即使这些特征在表面上看似中立。如果一个贷款审批算法过度依赖于邮政编码作为信用评分的一部分，而这一特征与收入水平或种族相关联，那么它可能会无意中歧视低收入或特定种族的申请者。通过增加透明度，我们能够识别这类问题，重新评估特征的权重，或者寻找更公平的替代特征，从而改进算法，使其更加公正。

此外，透明度还有助于检测算法结构中的偏见，例如，某些类型的神经网络可能更容易陷入局部最优解，导致对特定群体的决策偏差。通过对算法的结构和训练过程进行审查，我们可以确保人工智能系统在设计之初就考虑到公平性和包容性，避免或减轻偏见的影响。

总而言之，人工智能系统的透明度是确保其决策公正性和一致性

的基石。它不仅帮助我们理解算法如何运作，更重要的是，它为我们提供了一种工具，用来持续监测和纠正人工智能决策中的偏见，从而促进一个更加公平和包容的数字社会。

2. 监督和审计机制

人工智能系统的决策过程对专家和监管机构开放，允许外部审查，这不仅促进了技术的合法性和道德性，还增强了公众对人工智能技术的信任和接受度。透明度意味着人工智能模型的内部工作，包括数据处理方式、算法设计、决策逻辑以及潜在的偏差，都处于阳光之下，可供审查和评估。

这种透明性确保了人工智能系统不会在缺乏适当监督的情况下运行，从而有效防止了对某些群体的潜在歧视性影响。历史上，人工智能系统曾因训练数据的偏差或算法设计的不足，导致对特定人口群体的不公平对待。例如，在信贷评估、招聘流程或医疗诊断中，未经审查的人工智能模型可能无意中放大了社会上已存在的偏见，对女性、少数族裔或其他弱势群体造成不利影响。

通过提高人工智能系统的透明度，外部专家可以细致检查数据集，确保其多样性和代表性，避免算法学习到历史数据中的不公平模式。同时，监管机构可以验证人工智能系统是否符合现有的法律法规，比如数据保护法规、反歧视政策和行业标准，从而保障消费者权益，防止技术滥用。

此外，透明度还鼓励了人工智能开发者和部署者采取主动措施，实施伦理审查和偏见测试，确保人工智能系统的设计和操作遵循公平、公正的原则。这种自我监管加上外部监督的结合，形成了一个动态的反馈循环，不断优化人工智能系统的性能和道德标准，促进技术的可持续发展。

总之，透明的人工智能系统为专家和监管机构提供了必要的工具，以确保技术的发展不仅高效，而且公正。通过防止人工智能在未受审查的状态下运行，我们可以减少技术对社会造成的潜在负面影响，促进一个更加包容、公平和负责任的科技未来。

3. 促进算法公平性

在人工智能领域，算法的透明度是识别和纠正偏见的关键。当算法的设计和运作方式被公开时，开发人员和研究人员能够更有效地洞察算法的决策逻辑，从而发现潜在的偏见来源。这些偏见可能源于数据集的局限性、算法的内在假设，或者是模型训练过程中的偏差积累。透明度提供了一个平台，让专家们可以细致地审视每一个环节，确保人工智能系统能够做出公正且无歧视的决策。

首先，数据集的审查是纠正算法偏见的第一步。数据集是人工智能系统学习的基础，如果数据集中存在偏见，比如样本分布不均或某些群体代表性不足，那么算法很可能会继承并放大这些偏见。通过公开数据集的来源和组成，研究人员可以识别数据中的潜在偏差，并采取措施，如数据增强、重采样或使用合成数据来平衡数据集，确保算法能够从更多样化的视角学习。

其次，算法参数的调整也是纠正偏见的重要手段。许多人工智能模型包含可调参数，这些参数会影响模型的训练过程和最终的决策结

果。通过公开这些参数设置，开发人员可以实验不同的配置，观察它们对模型性能和公平性的影响。例如，调整分类阈值、正则化项或损失函数的权重，可以使模型在准确性和公平性之间找到更好的平衡点。

最后，采用新的公平性指标来衡量和优化决策过程是确保算法公正性的另一个关键步骤。传统的性能指标，如准确率或 F1 分数，可能不足以全面反映算法的公平性。引入公平性相关的评估指标，如群体公平性（group fairness）、个体公平性（individual fairness）或机会平等（equal opportunity），通过这些指标，研究人员可以量化算法在不同群体间的差异表现，指导算法的优化方向，确保决策过程对所有群体都是公正的。

综上所述，算法的透明度是消除人工智能偏见的重要途径。它不仅促进了算法设计和优化过程的开放性，还激发了跨学科的合作，将伦理学、社会学和心理学的见解融入技术发展中，共同构建一个更加公正、包容的人工智能未来。

4. 增强社会信任

人工智能技术的广泛应用，不仅取决于其功能的先进性和效率，更在于公众对其透明度和公平性的信任。当人工智能系统能够展现其决策过程的透明性，并证明其算法设计遵循公平原则时，公众更倾向于信任这些系统，进而愿意接受它们在各个生活领域的应用。

信任是人工智能技术与社会之间建立持久联系的基石。在人工智能系统中，透明度意味着用户能够理解系统如何处理数据、如何做出决策，以及这些决策背后的逻辑依据。当人工智能的决策过程不再是不可知的"黑箱",而是能够被清晰解释和验证时,公众可以评估这些决策的合理性,即使有时可能不同意其结果,也能理解其背后的逻辑。这种透明性减少了公众对人工智能可能滥用数据或存在隐性偏见的担忧,增强了人们对技术的掌控感。

与此同时,公平性是确保人工智能技术被广泛接受的另一关键要素。在一个多元化和包容性的社会中,人工智能系统必须体现对所有群体的一视同仁,避免任何形式的歧视或偏见。当公众确信人工智能系统在设计和运行中遵循了公平原则,如平等对待所有用户、考虑到不同背景和需求,以及在决策中避免或纠正历史偏见时,他们更可能支持和拥抱这些技术。公平性不仅体现在结果的公正,也包括过程的正义,即确保人工智能系统的设计和决策过程本身是公正和无偏的。

这种信任与接受的循环,对于人工智能技术的广泛采纳和社会的包容性发展至关重要。一个被公众充分信任的人工智能生态系统,能够促进技术创新与社会福利的良性互动,加速人工智能技术在教育、就业、医疗保健、公共安全等关键领域的应用,推动社会向更加智能、高效和公正的方向前进。反过来,社会的包容性发展又能为人工智能技术提供更加丰富和多元的数据环境,促进其持续进化和优化,形成技术和人文价值的双重提升。

总之,人工智能系统的透明度和公平性是构建公众信任的双翼,它们不仅推动了人工智能技术的广泛采纳,也促进了社会的包容性发展。在这个过程中,透明度确保了人工智能决策的可理解性和可验证性,而公平性保证了技术的公正性和无歧视性,二者共同为人工智能与社会的和谐共生奠定了坚实的基础。

5. 鼓励多方参与

透明度在人工智能系统的设计和评估中发挥着至关重要的作用，它不仅提高了技术的可信赖度，还促进了社会的包容性和多样性。通过确保人工智能系统的决策过程和逻辑对所有人开放，鼓励来自不同背景的个人和团体积极参与到系统的创建、测试和改进过程中。这种参与性尤其强调了受影响社区成员、伦理学家、社会科学家以及其他非技术专家的角色，他们各自独特的视角和反馈对于构建一个能够全面反映多元化社会需求和价值观的人工智能系统至关重要。

受影响社区的成员，即那些直接或间接受到人工智能决策影响的个人和群体，拥有最直接的体验和最深刻的洞察力。他们的参与确保了人工智能系统的设计不是仅局限于理论框架，而是扎根于现实世界的需求和挑战。通过倾听这些声音，开发人员可以识别潜在的偏见和歧视，调整算法以避免对特定群体的不公平影响，从而促进技术的公正性和公平性。

伦理学家的参与则为人工智能系统注入了道德考量，确保技术的发展与应用遵循基本的伦理原则，如尊重隐私、保障人权、维护公平正义。他们帮助设定行为准则，评估人工智能决策的道德后果，引导技术朝着更加负责任和道德的方向发展。

社会科学家，包括心理学家、社会学家和人类学家，提供了对人类行为、社会结构和文化差异的深刻理解。他们的专业知识有助于人工智能系统设计者更好地模拟和预测人类反应，考虑到不同文化背景下的用户需求，从而创造出更贴近人性、更具有适应性的智能解决方案。

除此之外，艺术家、作家和其他创意工作者也可以通过其独特的表达方式，激发关于人工智能技术的哲学思考和社会讨论，促进公众对人工智能伦理和影响的广泛认识。而政策制定者和法律专家则能确保人工智能系统的开发和部署符合现行法律法规，推动制定新的政策框架，以适应不断变化的技术环境。

总之，透明度促进了跨学科合作，鼓励了多元视角的融合，这对于构建一个既能满足技术进步需求，又能反映社会多元价值和需求的人工智能系统是不可或缺的。这种包容性的设计和评估过程不仅增强了人工智能技术的道德合法性，也促进了社会的整体福祉，确保了技术发展成果能够惠及每一个人。

6. 促进持续改进

公开的算法和决策过程为人工智能系统的持续改进和优化搭建了坚实的基石。在人工智能领域，算法的透明度不仅关乎道德和信任，更是推动技术进步的关键催化剂。当人工智能系统的内部运作机制和决策逻辑向公众开放时，它们便成为学术界、产业界乃至整个社会的共同财富，激发了跨领域的创新思维和批判性讨论。这种开放性不仅促进了对算法性能的深化理解，还为持续的迭代升级和伦理标准的提升创造了无限可能。

随着对算法性能的新理解，研究人员和开发人员能够识别现有模型的局限性和潜在偏见，这为算法的优化提供了明确的方向。公开的决策过程使得技术社区能够集体探讨和实验不同的解决方案，从微调

模型参数到重构算法架构，再到引入先进的公平性指标，每一项改进都旨在使人工智能系统更加公正、透明和高效。这种持续的优化过程，不仅增强了人工智能技术的功能性，还确保了其在伦理和社会责任方面的高标准。

透明度同样促进了人工智能伦理框架的演进。当算法的决策逻辑被广泛讨论时，伦理学家、社会科学家、政策制定者和公众都能参与进来，共同审视算法对社会的影响，提出建设性的批评和建议。这种多方参与的过程推动了对人工智能伦理标准的深入思考，促使技术开发者在追求技术创新的同时，也注重技术的道德和社会后果。随着对公平性和伦理性的理解不断深化，这些标准也在不断进化，引导人工智能系统向着更加负责任和包容性的方向发展。

总而言之，公开的算法和决策过程不仅为人工智能系统的持续改进提供了肥沃的土壤，还促进了技术与伦理的深度融合。这种开放性文化既加快了技术创新的步伐，又确保了技术进步能够更好地服务于全人类的利益，实现技术发展的道德承诺。通过持续的迭代和优化，人工智能系统逐步接近公平性和伦理性的高标准，成为推动社会正向变革的强大力量。

7. 强化法律责任

透明度使得人工智能系统的决策过程和逻辑对用户、监管机构以及法律系统开放可见。这意味着当人工智能系统的行为引发争议或纠纷时，可以通过审查其决策路径，包括输入数据、算法设计、决策过程以及最终输出，来确定问题的根源。这种可追溯性对于责任归属至关重要，因为它帮助识别是由于数据质量问题、算法缺陷、还是人为干预造成了不良后果。

在法律层面，透明的人工智能系统有助于构建强有力的证据链，支持法律程序的顺利进行。当人工智能系统导致损害，如错误的医疗诊断、不公平的贷款审批或不适当的推荐内容时，透明度确保了所有相关方，包括人工智能开发者、数据提供商和决策执行者，都能够被准确地评估其责任。这种责任的明确划分，不仅为受害者提供了寻求公正补偿的渠道，同时也向人工智能行业发出了强烈信号：忽视伦理和透明度将面临法律和声誉风险。

此外，透明度促进了人工智能行业的自律和规范化。当责任归属清晰时，各公司和组织会更加注重开发和部署符合伦理标准的人工智能系统，避免潜在的法律纠纷和负面舆论。这推动了整个行业向更负责任的方向发展，鼓励企业采取预防措施，如加强数据治理、实施算法审计和建立伦理审查委员会，以确保人工智能技术的安全、公平和可控。

人工智能简化了纠纷解决流程，确保了不良后果的追责，还推动了整个行业向更加负责任和道德的方向前进。透明度是人工智能技术与社会信任、法律框架和伦理标准之间不可或缺的桥梁，对于构建一个公正、安全和包容的人工智能生态至关重要。

（三）提高责任归属

当人工智能系统出现错误或不当行为时，透明度有助于快速定位

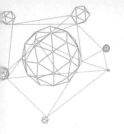

问题源头，明确责任归属，便于及时纠正和预防未来类似问题。

1.快速定位问题源头

可追溯性。透明的人工智能系统能够记录和显示决策过程中的每一步，包括数据输入、算法选择、参数设置和决策输出。这意味着一旦出现错误，开发人员和维护团队就可以迅速回溯到问题发生的具体环节，比如数据预处理阶段的偏差、模型训练时的过拟合或欠拟合，或是推理阶段的逻辑错误。

可解释性。人工智能模型的可解释性有助于理解模型内部的运作机制，特别是对于复杂的机器学习模型，如深度神经网络。通过可视化权重分布、激活图谱或特征重要性，可以洞察模型的决策依据，识别可能导致错误的异常模式或偏见。

2.明确责任归属

责任链清晰化。在透明的系统中，每个决策节点和操作者（无论是人还是软件）都有清晰的记录。这有助于在问题出现时，快速确定哪个部门或哪个人员负责，从而避免了责任推诿，加快了问题解决流程。

法律和伦理考量。透明度对于法律责任的界定尤为重要。在涉及隐私、安全或伦理争议的场景下，透明的决策过程为法律诉讼提供了证据，确保各方能够根据事实和规定承担相应的责任。

3.便于及时预防和纠正未来类似问题

迭代和优化。透明度使得人工智能系统的错误成为学习和改进的机会。通过分析错误的根本原因，开发团队可以有针对性地调整算法、改进数据集或增强模型的鲁棒性[1]，从而防止同类问题再次发生。

建立反馈机制。透明的人工智能系统通常会集成用户反馈和自我监控机制，这不仅有助于及时发现和纠正错误，还能持续优化系统性能，提升用户体验。

（四）促进创新与合作

在透明的环境下，不同组织和研究机构之间可以更自由地分享知识和经验，促进技术的迭代和创新。

1.知识共享

在透明的环境下，研究人员可以轻松查看和理解他人的工作，这促进了跨学科的合作。例如，计算机科学家可以借鉴心理学家的研究成果来改善情感分析算法，而经济学家则能利用机器学习技术来预测市场趋势。

2.技术迭代和创新

透明度鼓励开源精神，研究者和开发者可以自由地共享代码、数据集和模型架构，这不仅加速了技术进步，还促进了算法的优化和新应用场景的探索。同时，透明的交流促进了行业标准的形成和最佳实

---

[1]　Robustness，总体来说可以用于反映一个系统在面对内部结构或外部环境的变化时，仍然能够维持其功能稳定运行的能力。

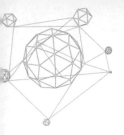

践的传播，确保了人工智能技术的高质量和可靠性。

3. 信任与投资

人工智能技术的开发和应用过程是透明的时候，投资者和客户能够更清楚地看到技术的价值和潜力，从而增强对项目的信心，增加投资和采用的可能性。

综上所述，透明度不仅是人工智能系统在面对错误和不当行为时的重要保障，也是推动人工智能领域创新和合作的关键因素。通过提高透明度，我们可以构建更加可靠、安全和高效的人工智能生态系统。

二、建立透明文化的步骤

（一）明确透明度目标

在探索人工智能系统的透明度时，确立明确的目标是至关重要的第一步。透明度目标不仅指引着人工智能系统的设计与优化方向，还反映了社会对技术发展的期望和需求。

提高决策过程的可见性。这一目标着重于使人工智能的决策过程变得清晰可见，让用户和监管机构能够理解人工智能系统是如何从输入数据中提取信息、进行计算和推理，最终产生决策的。通过可视化工具、可解释性模型和详细的决策记录，人工智能系统能够展示其决策背后的逻辑，减少"黑箱"效应，增进用户信任。

增强用户对人工智能系统的理解。透明度旨在降低人工智能系统的使用门槛，使非技术背景的用户也能够理解人工智能的工作原理和决策依据。这包括提供用户友好的界面、简洁明了的解释和教育材料，帮助用户掌握人工智能的基本概念，从而在日常生活中更加自信地与人工智能系统互动。

确保伦理合规。随着人工智能在社会各个领域的广泛应用，确保其决策过程符合伦理标准变得越来越重要。透明度目标应包括对人工智能系统的伦理审查，确保算法设计和决策过程不含有偏见，尊重隐私，避免对特定群体的歧视。这要求人工智能开发者和部署者遵循行业最佳实践，实施定期的伦理审计，以及建立反馈机制，以便及时修正潜在的伦理问题。

促进跨学科协作。透明度鼓励不同背景的专家，如数据科学家、伦理学家、社会科学家和政策制定者，共同参与人工智能系统的设计和评估。这种跨学科的视角有助于识别技术的潜在社会影响，促进人工智能技术的全面发展，确保其服务于公共利益。

支持法律和监管框架。透明的人工智能系统能够更好地适应法律和监管要求，为政策制定者提供必要的信息，以制定合理的法规。这包括确保人工智能系统能够生成可审核的决策记录，支持责任归属，以及为可能的法律纠纷提供证据。

推动持续改进和创新。透明度鼓励持续的反馈和迭代，通过公开算法的性能和决策逻辑，促进技术社区的知识共享和创新。这不仅有助于优化现有人工智能系统，还可能激发新的研究方向和解决方案，

推动整个人工智能领域向前发展。

综上所述，明确的透明度目标是构建负责任、可信赖和高效的人工智能系统的基础。通过追求这些目标，人工智能技术能够更好地融入社会，促进技术与人文价值的和谐共生，为人类社会带来更多的福祉。

（二）设计透明机制

设计透明机制是现代人工智能系统开发中的一个核心关注点，特别是在那些对决策过程的透明性和可解释性至关重要的应用领域。透明机制的引入旨在解决人工智能系统的"黑箱"问题，即人工智能模型内部运作的复杂性和不可见性，这往往使得模型的决策难以被用户理解和验证。为了实现这一目标，研究人员和工程师正在积极开发一系列工具和技术，旨在揭示人工智能决策背后的原因，增强用户的信任和接受度。

可解释性人工智能（XAI）是一种前沿方法，它专注于创建更透明的人工智能模型，试图在保持模型预测准确性的同时，让模型的决策过程对人类用户而言变得直观和可理解。例如，LIME 和 SHAP 等技术，通过分析特征的重要性和贡献度来解释单个预测，帮助用户了解哪些输入数据对人工智能的决策产生了重大影响。这些方法通常会生成热力图或特征权重列表，直观展示促成了特定决策的因素。

决策树是另一种直观的模型，它使用树状结构来表示决策路径和可能的结果。决策树的每个内部节点代表一个属性上的测试，每个分支代表一个测试结果，而每个叶节点代表一种决策或结果。由于其结构简单且易于理解，决策树特别适用于需要清晰解释决策流程的场景，如医疗诊断和金融信贷评估。

规则列表则是基于规则的模型，它们使用一系列"如果……那么……"规则来做出决策。这些规则可以由专家手动定义，也可以通过机器学习自动发现。规则列表的优势在于它们能够以人类可读的形式呈现决策逻辑，便于用户跟踪和理解人工智能如何处理输入数据以达到特定输出。

除了上述技术，原型选择、聚类解释、案例基础推理等方法也可以提高人工智能的透明度。这种透明性对于确保人工智能系统的公正性、提升用户信任、促进伦理合规以及满足监管要求至关重要。通过实施这些透明机制，人工智能系统可以更好地融入我们的日常生活和工作环境，成为我们决策过程中的可靠伙伴。

（三）实施数据治理

实施数据治理是一项至关重要的任务，特别是在当今数据驱动的商业和社会环境中。数据治理涉及一套策略、实践和流程，旨在确保数据的质量、安全性和合规性，同时促进数据的有效利用。良好的数据治理能够维护数据的准确性和完整性，这是做出明智决策和构建可靠人工智能模型的基础。

数据的准确性指的是数据反映现实情况的程度，而完整性则关注数据的全面与无遗漏。不准确或不完整的数据会导致错误的洞察和决

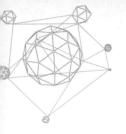

策，因此，数据治理要求定期进行数据清洗、校验和更新，以消除重复项、修正错误，并填补缺失值。此外，通过元数据管理，记录数据的来源、采集时间、处理方式和变更历史，可以进一步提高数据质量。

建立数据使用和保护的规范是数据治理的另一关键方面。这包括制定数据分类标准，确定谁可以访问何种类型的数据，以及在什么情况下可以使用这些数据。隐私保护是重中之重，特别是在处理个人识别信息（PII）时。遵循欧盟的《通用数据保护条例》和其他相关法规，确保数据收集、存储和处理的透明度和合法性，是维护用户信任和避免法律风险的必要条件。

公开数据来源和处理方法是增加透明度和问责制的关键步骤。当组织对外部分享数据集或依赖于公共数据时，明确说明数据的原始来源和任何预处理步骤，可以帮助使用者评估数据的适用性和潜在偏见。这对于学术研究、政策制定和公众监督尤为重要。公开这些信息也有助于建立一个更加开放和协作的数据生态系统，促进知识共享和创新。

综上所述，实施数据治理不仅关乎数据的管理和控制，还涉及道德责任和法律义务。它要求组织持续监控和优化数据质量，制定和执行严格的数据使用政策，以及向利益相关者提供足够的透明度。通过这些措施，数据治理有助于构建一个健康、可持续的数据环境，促进数据科学和人工智能领域的健康发展。

（四）建立反馈机制

建立有效的反馈机制是提升人工智能系统透明度和性能的关键步

骤。确保用户能够顺畅地反馈他们的使用体验、提出建议和批评，对于持续优化人工智能系统至关重要。这种机制不仅促进了人工智能技术的迭代和进步，还加强了用户对人工智能系统的信任和满意度，进而推动了更广泛的社会接受和应用。

首先，反馈机制应该易于访问且用户友好。这意味着需要提供多种渠道供用户提交反馈，包括但不限于在线表单、电子邮件、社交媒体平台、客服热线以及专门的用户论坛。这些渠道应当覆盖广泛的用户群体，确保每个人都能方便地表达自己的观点。此外，反馈过程应尽可能简洁明了，避免冗长的表格或复杂的操作流程，以鼓励更多用户参与。

其次，收集到的反馈需要得到认真对待和及时响应。人工智能开发团队和运营团队应设立专门小组负责整理、分析用户反馈，识别常见问题、潜在缺陷以及改进建议。对于用户提出的批评和问题，应给出明确的回应，解释人工智能系统的工作原理，澄清误解，并承诺采取行动解决已发现的问题。这种透明的沟通方式有助于增强用户的信任感，让他们感受到自己的意见被重视。

再次，反馈机制应当促进人工智能系统的持续改进。开发团队应根据用户反馈定期评估人工智能系统的性能和透明度，识别可以优化的领域。这可能涉及调整算法参数、改进数据处理方法、增强解释性功能或优化用户界面。通过持续的迭代和测试，确保人工智能系统能够更好地满足用户需求，提高决策的公正性和准确性。

最后，透明度和反馈机制相辅相成。人工智能系统应定期发布透明度报告，概述系统的主要功能、决策逻辑、数据使用情况以及最近

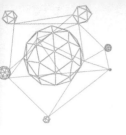

的改进措施。这些报告不仅向用户展示了人工智能系统如何运作，还体现了开发团队对用户反馈的响应情况，进一步增强了系统的透明度和用户参与度。

综上所述，建立有效的反馈机制是人工智能系统与用户之间建立长期信任关系的基石。它不仅促进了人工智能技术的持续创新，还确保了人工智能系统的开发和应用始终以用户为中心，满足多样化的需求和期望。通过开放的沟通、及时的响应和持续的改进，人工智能系统能够更好地服务于社会，成为推动科技进步和改善生活质量的强大工具。

（五）培训与教育

培训与教育在提升人工智能透明度和伦理意识方面具有重要作用。人工智能技术在日常生活和工作中的应用越来越广泛，从自动化客户服务到复杂的数据分析，再到医疗诊断和决策支持系统。然而，人工智能的复杂性和"黑箱"性质往往令非专业人士难以理解其决策过程，这不仅影响了用户对人工智能系统的信任，还可能引发伦理和隐私方面的担忧。

因此，对员工和用户进行人工智能透明度和伦理的培训，不仅是提升技术使用效能的关键，也是建立社会对人工智能技术广泛接受和信任的基石。这种培训应该涵盖多个层面：

首先，基础教育应包括人工智能的基本概念和工作原理，帮助参与者理解人工智能如何从数据中学习，以及决策过程背后的逻辑。这不仅能增强用户对人工智能技术的信心，还能减少因误解而产生的恐惧和抵制情绪。

其次，深入讲解人工智能系统的透明度机制，如可解释性人工智能（XAI）、决策树、规则列表等，使用户能够识别和理解人工智能决策的关键因素，从而在使用人工智能服务时能够做出更加明智的判断。这种教育还可以帮助用户识别潜在的偏见和不公平性，促进人工智能系统的公正和公平。

再次，伦理培训至关重要，它涉及人工智能技术的道德界限和责任归属。培训应涵盖数据隐私、算法偏见、透明度和问责制等主题，确保用户和员工了解人工智能应用可能带来的伦理挑战，以及如何在设计和使用人工智能系统时遵循伦理原则。

又次，对于企业员工，特别是那些直接参与人工智能系统开发和维护的技术人员，培训应更加侧重于技术细节和伦理决策框架。这包括教授如何设计和实施透明的人工智能算法，如何评估和纠正算法偏见，以及如何在产品设计中融入用户反馈和伦理考量。

最后，定期举办研讨会、工作坊和在线课程，提供持续的教育机会，确保所有相关人员都能跟上人工智能技术的最新进展，同时深化对人工智能透明度和伦理原则的理解。这种持续的培训不仅能够提升个人技能，还能促进整个组织文化的转变，营造一个更加负责任和包容的人工智能应用环境。

综上所述，培训与教育是提升人工智能透明度和伦理意识的重要途径，它不仅增强了用户和员工对人工智能系统的理解和信任，还推动了整个社会对人工智能技术的正面认知和广泛接纳。通过培养具备

人工智能素养的公众，我们可以确保人工智能技术的发展既符合技术进步的要求，又遵循社会伦理的标准，共同塑造一个更加智能、公正和可持续的未来。

（六）定期审计与评估

定期审计与评估是确保人工智能系统维持高水平透明度和伦理合规性的关键策略。在人工智能技术日益成为各行各业核心竞争力的当下，确保人工智能系统不仅高效且公正、透明，成为企业和社会共同面临的挑战。通过实施定期的审计与评估，可以持续监控人工智能系统的性能、决策过程和伦理影响，确保其始终符合设定的标准，同时及时发现并纠正潜在的问题。

1.透明度审计

透明度审计旨在检查人工智能系统的决策过程是否可解释和可理解。这包括评估人工智能模型是否能够清晰展示其决策依据，如所使用的数据、算法逻辑、权重分配等，以及是否提供了足够的解释性工具，是否帮助用户和监管机构理解决策背后的逻辑。透明度审计还应检查人工智能系统是否公开了其数据源、训练方法和潜在的偏见，以及是否建立了机制来处理用户反馈和数据请求。

2.伦理合规性评估

伦理合规性评估聚焦于人工智能系统是否遵循了行业和国际公认

的伦理准则，包括审查人工智能系统在数据收集、处理和使用过程中的隐私保护措施，以及其在算法设计和决策执行中是否避免了对特定群体的歧视。伦理合规性评估还应考察人工智能系统是否充分考虑了公平性、责任性和可问责性，以及是否建立了机制来应对意外伤害和责任归属问题。

定期审计与评估的过程应包括以下几个关键步骤：第一，设立明确的审计标准和指标，这些标准应涵盖透明度和伦理合规性的各方面；第二，建立专业的审计团队，由具有人工智能技术、伦理学、法律和行业知识的专家组成，以确保审计的专业性和客观性；第三，实施定期的内部和外部审计，内部审计由公司内部的合规部门或专门团队执行，而外部审计则邀请独立第三方机构进行，以增强审计的公信力；第四，根据审计结果，制订改进计划，包括调整算法、优化数据集、增强解释性功能和加强伦理培训等措施；第五，公开审计报告，向公众、监管机构和利益相关者透明地展示审计过程和结果，以及所采取的改进措施。

定期审计与评估，可以确保人工智能系统不但在功能上满足用户需求，而且在伦理上符合社会期望，这有助于构建公众信任，促进人工智能技术的健康和可持续发展。此外，定期审计还能帮助企业规避潜在的法律风险和声誉损害，确保人工智能系统在不断变化的市场和监管环境中保持竞争力。总之，定期审计与评估是人工智能系统生命周期中不可或缺的一部分，它对于推动人工智能技术向更加透明、公正和负责任的方向发展至关重要。

三、应对人工智能带来的信任挑战

（一）算法偏见

确保人工智能系统的设计和训练数据不受偏见影响是构建公正、可靠的人工智能技术的基石。算法偏见是指人工智能系统在处理数据、做出决策时表现出的不公平倾向，这种倾向往往是由于训练数据集的局限性、设计者的无意识偏见或算法本身的结构性问题所引起的。为了克服这一挑战，采取多元化数据源和实施严格的算法审核机制成为必不可少的策略。

首先，多元化的数据源是预防算法偏见的第一道防线。单一来源或类型的数据容易导致模型只学习了特定群体的特征，而忽略了其他群体的存在，从而在决策中产生偏颇。因此，收集和使用来自不同地区、不同文化背景、不同年龄、不同性别、不同种族的多元群体数据，能够帮助人工智能系统更全面地理解和反映真实世界的多样性。

其次，算法审核机制是识别和纠正潜在偏见的关键，包括在人工智能系统的开发周期中实施定期的偏见检测和评估。算法审核应由具备跨学科知识的团队执行，包括数据科学家、伦理学家、社会学家和法律专家，他们能够从多个角度审视算法的决策逻辑和潜在影响。审核过程应涵盖数据预处理、特征选择、模型训练、后处理以及模型部署后的持续监测等各个环节。通过对比不同群体的决策结果，评估模型的公平性，如群体公平性、个体公平性和机会平等性，可以及时发现和调整算法中的偏见。

再次，透明度和可解释性也是防止算法偏见的重要工具。确保人工智能系统能够提供决策依据，展示其决策路径和逻辑，有助于外部审计员和利益相关者理解并验证模型的公正性。这不仅能增强用户对人工智能系统的信任，还能够促进算法的持续优化和改进。

最后，建立反馈机制和持续学习的文化也是防止算法偏见的长期策略。通过收集和分析用户反馈，可以及时捕捉到模型在实际应用中可能出现的偏见迹象，从而采取相应的纠正措施。同时，鼓励算法持续学习和适应新数据，能够帮助人工智能系统随时间推移而不断优化，减少因数据变化而导致的偏见。

综上所述，确保人工智能系统的设计和训练数据不受偏见影响，需要从多元数据源的获取、算法审核机制的实施、透明度和可解释性的提升，以及反馈机制的建立等多个维度入手。只有这样，才能构建出既智能又公正的人工智能技术，为社会带来真正的普惠和进步。

（二）数据安全与隐私

在数字化时代，数据安全与隐私保护成为人工智能系统设计与应用中的核心议题。随着人工智能技术的迅猛发展，大量用户数据被收集、存储和分析，以提供更加个性化的服务和决策支持。然而，这也

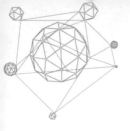

带来了前所未有的数据安全和隐私风险，包括数据泄露、滥用以及对个人隐私的侵犯。

1. 数据加密

通过采用端到端加密、传输层安全协议以及数据库加密等技术，可以确保数据在传输和存储过程中不被未经授权的第三方访问。此外，差分隐私技术的应用可以在数据分析过程中加入随机噪声，从而保护个人数据的隐私，使得攻击者即便掌握了大量数据也无法精确推断出单个个体的信息。

2. 最小权限原则和数据匿名化

只收集完成特定任务所必需的最少数据，并在可能的情况下对数据进行匿名处理，去除可以直接或间接识别个人身份的信息。这不仅减少了数据泄露对个人隐私的潜在影响，还限制了内部和外部访问者对敏感信息的不当使用。

3. 透明的数据使用政策

用户有权在提供数据前充分了解其数据将如何被使用，以及其权利，包括访问、更正和删除其个人数据的权利。这要求人工智能系统的设计者在收集数据时明确告知用户，并获得其明确同意，同时提供易于理解和操作的隐私设置选项，让用户能够控制其数据的共享程度。

4. 定期进行数据安全审计

对数据处理流程、安全措施及合规性进行系统检查，及时发现和修复潜在的安全漏洞，以及确保人工智能系统的数据处理活动符合相关的法律法规，如欧洲的《通用数据保护条例》、美国的《加州消费者隐私法》等。

5. 开展员工培训

组织内的所有员工，尤其是那些直接接触用户数据的人员，应接受数据保护和隐私法规的培训，了解如何正确处理数据，以及违反数据保护规定的严重后果。

数据安全与隐私保护是人工智能系统设计与应用中不可忽视的内容。通过实施加密技术、遵循最小权限原则、建立透明的数据使用政策、定期进行安全审计及开展员工培训，可以有效保障用户数据的安全，避免数据滥用，从而构建一个既智能又安全的数字环境。

（三）伦理与责任

制定清晰的伦理准则和责任框架对于确保人工智能应用的道德性和社会益处至关重要。随着人工智能系统在决策制定、自动化流程、个性化服务等方面发挥越来越大的作用，它们的影响力也增大，因此，必须确保这些技术的应用不会侵犯人权，不会对社会造成负面影响，而会促进社会正义、公平和可持续发展。

首先，伦理准则的制定是人工智能技术发展的基石。这些准则应涵盖数据隐私保护、算法偏见的预防、透明度和可解释性、用户同意和知情权，以及对人类福祉的积极贡献等方面。例如，《阿西洛马人工智能原则》提出了以人为本的人工智能伦理框架，强调了安全、透明、责任和有益于人类的价值观。制定这样的伦理准则需要跨学科的合作，包括技术专家、伦理学家、法律专家、社会科学家以及公民社会的广泛参与，以确保这些准则能够反映多元化的社会价值观和期望。

其次，责任框架明确了人工智能系统开发、部署和使用过程中各方的责任和义务。这包括确立人工智能系统的开发者、运营商和使用者之间的责任分配，以及在人工智能系统出现失误或造成伤害时的责任追究机制。责任框架还应包含透明度和可解释性的要求，确保人工智能系统的决策过程可被审查和理解，以便在出现问题时能够追溯原因并采取补救措施。此外，建立独立的监管机构和第三方审计机制，可以增强公众对人工智能系统的信任，确保它们遵循伦理准则和法律规范。

再次，伦理与责任的落实需要贯穿人工智能技术的整个生命周期，从初始设计、数据收集和模型训练，到系统部署和持续监测。在设计阶段，应采用伦理设计的方法，将伦理考量嵌入人工智能系统的架构中，确保技术从一开始就遵循伦理准则。在数据收集和模型训练阶段，要特别注意数据的多样性和代表性，避免算法偏见，并确保数据的隐私和安全。在系统部署后，应持续监测其效果，评估其对社会的影响，并根据需要进行调整和优化，以减少潜在的负面影响。

最后，公众参与和教育也是确保人工智能伦理与责任落实的关键。

通过提高公众对人工智能技术的理解和意识，可以促进社会对人工智能应用的监督，确保技术的发展符合公众利益。同时，教育和培训可以培养下一代的技术专家和领导者，使他们具备伦理意识和责任意识，能够在未来的人工智能发展中扮演负责任的角色。

综上所述，制定清晰的伦理准则和责任框架是确保人工智能技术健康发展、造福社会的重要举措。通过跨学科合作、贯穿技术生命周期的伦理考量，以及公众参与和教育，可以构建一个既智能又负责任的人工智能未来，促进技术与社会的和谐共生。

（四）技术透明度与可解释性

技术透明度与可解释性是现代人工智能系统中不可或缺的元素，它们对于构建用户信任、确保决策公正性和提高人工智能技术整体的可信度起着至关重要的作用。随着人工智能技术的不断发展和广泛应用，从自动化决策到复杂的数据分析，人们越来越意识到理解人工智能系统如何做出决策的重要性。透明度和可解释性不仅帮助用户理解人工智能的决策过程，还使得监管者能够有效地评估和监管这些系统的运作，确保它们遵循既定的伦理标准和法律规范。

提高人工智能系统的可解释性意味着开发和采用能够揭示人工智能决策背后逻辑的技术和方法。这包括但不限于可解释性人工智能（XAI）技术，它们能够提供局部解释，帮助用户理解模型在特定预测中的重要特征和权重。此外，决策树和规则列表等模型提供了更直观的决策路径，使得非技术背景的用户也能够追踪人工智能的决策

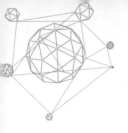

流程。

技术透明度则更广泛地涵盖了人工智能系统的整体设计、数据来源、算法结构和决策逻辑的公开。这要求人工智能开发者和部署者提供关于系统如何收集和处理数据、算法如何训练以及最终决策如何生成的详细信息。透明度还涉及建立机制，让用户和监管者能够访问这些信息，以及提供反馈和提出疑问的渠道。

增强人工智能技术的透明度和可解释性有助于解决几个关键问题。

1. 减少"黑箱"效应

通过提高透明度，可以增加用户对人工智能系统的信任，因为他们可以更清楚地了解人工智能是如何做出决策的，这在医疗、金融和法律等领域尤为重要。

2. 识别潜在偏见

当人工智能系统的决策过程对用户和监管者开放时，更容易发现算法中的偏差，比如对特定群体的歧视，从而采取措施加以修正。

3. 促进合规性

在人工智能系统必须遵守特定法律和行业标准的背景下，透明度确保了人工智能的决策过程可以接受外部审查，有助于确保这些系统在法律和伦理框架内运行。

4.促进人工智能系统的持续改进

当人工智能决策的逻辑对研究者和开发者开放时，可以促进知识共享，推动技术的迭代和优化，确保人工智能技术的发展始终以用户为中心，服务于更广泛的社会利益。

总之，提高人工智能系统的透明度与可解释性是确保人工智能技术可持续发展、赢得公众信任和促进社会福祉的关键。通过采用可解释性技术、建立透明度机制和推动跨学科合作，可以构建一个既智能又负责任的人工智能生态系统，为人类社会带来更大的价值。构建一个基于信任与透明度的人工智能环境，促进技术的健康发展，同时维护社会公正和用户权益。这不仅是一项技术挑战，更是一项社会工程，需要政府、企业、学术界和公众的共同努力。

第十章

人工智能与领导力的"变与不变"

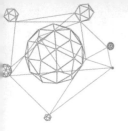

在人工智能迅猛发展的当下，领导力的定义、实践和重要性正经历着深刻的变化。尽管人工智能技术在数据分析、决策支持和自动化流程方面展现出了巨大潜力，但领导力的核心要素——那些构成领导力本质的部分——仍然保持着其持久的价值。理解这些"变与不变"的要素，对于在数智化转型中塑造有效的领导力至关重要。

一、领导力的核心要素

领导力的核心要素涵盖了领导者的个体素质、思维方式、实践经验以及领导方法，这些要素影响着具体的领导活动效果。具体来说，领导力的核心主要包括以下几方面。

（一）感召力

感召力，作为领导力的核心特质之一，代表着领导者激发并引导团队成员情感共鸣与行动意愿的能力。它不仅彰显了领导者个人魅力的吸引力，更深层次地体现了领导者在自信、乐观与关怀等方面的综合素养，这些品质共同构成了感召力的坚实基础。具有感召力的领导者能够通过其言行举止，有效激励团队成员，激发其内在动力，促进团队成员超越个人目标，共同致力于实现更高层次的集体成就。

高度的自信是感召力的基石，它源自领导者对自己能力的深刻认知与坚定信念。自信的领导者在面对挑战时展现出的镇定与果敢，能够传递给团队成员一种稳定的力量，促使他们在逆境中保持坚韧，攻克难关。这种自信不仅体现在领导者对自身能力的确信，更体现在对团队潜力的信任上，进而构建起一种积极向上、勇于探索的团队文化。

　　乐观的态度作为感召力的灵魂，对于维持团队的高昂士气至关重要。乐观的领导者能够在困境中寻觅机遇，将挑战视作成长的契机，这种积极的心态能够感染团队成员，促使他们以更加开放与进取的姿态面对工作中的不确定性和压力。乐观主义不仅提升了团队的整体情绪状态，还促进了创新思维与解决问题的能力，为团队的成功注入了源源不断的动力。

　　真诚的关怀则是感召力的温度，它体现了领导者对团队成员个人成长与福祉的深切关注。通过倾听、理解与支持，领导者能够建立起与团队成员之间的信任关系，这种基于同理心的沟通方式，使团队成员感受到被尊重与被珍视，从而增强了团队的凝聚力与归属感。真诚的关怀还体现在领导者对团队成员职业发展的关注上，通过提供指导与机会，帮助团队成员实现个人潜能，促进了团队整体能力的提升与持续发展。

　　综上所述，感召力是一种深层次的领导力特质，它通过领导者自信、乐观与关怀等核心素质，激发团队成员的情感共鸣，引导他们超越个人目标，共同追求团队愿景。在感召力的引领下，团队不仅能够高效完成既定目标，更能够在共同奋斗的过程中实现个人与集体的双重成长，构建起一种基于信任、尊重与共同愿景的团队文化，为组织的长远发展奠定坚实的基础。

（二）决策力

决策力，作为领导力的核心要素之一，是领导者在瞬息万变的商业环境中驾驭复杂局势、把握发展方向的关键能力。领导者不仅需要拥有敏锐的洞察力，从海量数据中提炼出有价值的信息，还需要具备果断的决策力，在有限的时间内分析各种可能性，权衡利弊，做出既符合组织长远利益又适应当前形势的决策。

优秀的决策力并非一蹴而就，它建立在领导者扎实的知识基础之上。这要求领导者具备广博的行业知识、深厚的理论功底以及对新兴趋势的敏锐感知。知识的积累使领导者能够从多维度审视问题，理解各种变量之间的关联，做出更加全面和深入的判断。同时，丰富的经验积累也是决策力的重要来源。领导者通过过往经历中积累的智慧，能够更快地识别类似情境下的潜在风险与机遇，借鉴历史教训，避免重蹈覆辙，同时创新性地解决问题。

良好的直觉，作为决策力的补充，往往在复杂多变的环境中发挥着不可小觑的作用。直觉是一种基于经验的快速判断能力，在数据不足或时间紧迫的情况下，为领导者提供初步的决策方向。优秀的领导者懂得如何平衡理性分析与直觉判断，既不盲目依赖直觉，也不忽视其潜在的价值，而是将两者有机结合，以实现决策的精准与高效。

然而，更重要的是在于面对不确定性时的勇气与决心。在商业世界中，没有绝对正确的答案，每一次决策都伴随着风险与挑战。优秀的领导者敢于面对不确定性，勇于承担决策带来的后果，这种敢于冒险的精神是推动组织前进的动力源泉。他们不仅在决策时展现出决断力，更在决策后展现出执行力，确保决策的落地与效果评估，不断调整策略以适应环境变化。

综上所述，决策力是领导者在复杂环境中把握方向、引领团队的关键能力。它不仅要求领导者具备扎实的知识基础、丰富的经验积累以及良好的直觉，更要求他们敢于面对不确定性，勇于承担责任。在决策力的引领下，领导者能够带领组织在瞬息万变的商业环境中稳健前行，把握机遇，化解危机，实现持续成长与创新。

（三）组织力

组织力，作为领导力的关键维度，体现了领导者构建和维护高效团队与优化组织结构的能力。在复杂多变的商业环境中，优秀的领导者必须能够设计出清晰的角色和职责分配体系，确保每位团队成员都明确自己的职责范围和目标，从而减少混乱，提高工作效率。这不仅要求领导者具备深邃的洞察力，能够理解组织内部的运作机制，还要求他们具备高超的协调能力，平衡团队成员的个人优势与团队整体目标，促进团队成员之间的互补与协作。

建立有效的沟通渠道是组织力的另一个重要方面。领导者应确保信息在组织内部的畅通无阻，无论是自上而下的指令传达，还是自下而上的反馈收集，都需要有高效且透明的沟通机制支持。这不仅有助于减少误解和冲突，还能够促进团队成员之间的相互理解与信任，营造一个开放、包容的工作环境。有效的沟通还意味着领导者需倾听团队成员的声音，及时响应他们的需求与关切，确保团队内部的信息对

称与决策的民主化。

资源的合理利用同样是检验领导者组织力的重要标准。领导者需要能够精准评估组织的资源状况，包括人力、财力、物力等，制定出既符合组织战略目标又能够最大化资源效益的计划。这要求领导者具备良好的财务管理能力、人力资源管理技巧以及物资调配智慧，确保每一项资源都被用在刀刃上，支持组织目标的实现。

维护良好的工作氛围，对于保持团队的凝聚力和士气至关重要。领导者应致力于打造一个积极、健康、支持性的工作环境，鼓励团队成员之间的正面互动，促进团队精神的形成。这不仅包括建立公正的奖惩制度，激励团队成员的积极性，还需要领导者自身展现出良好的榜样作用，通过言行举止传递正能量，激发团队成员的归属感和认同感。

综上所述，组织力要求领导者具备系统思考的能力，能够从宏观角度审视组织的结构与运作，预见并解决潜在的问题，同时具备强大的执行力，确保计划的顺利实施。优秀的组织力不仅能够构建出高效协同的团队，还能够优化组织结构，确保资源的有效利用，以及营造一个有利于团队成长的工作氛围，从而推动组织持续健康发展，实现战略目标。

（四）沟通力

沟通力，作为领导力的核心要素之一，是领导者在内外部环境中建立有效交流、促进共识与合作的基石。在组织内部，领导者必须具备清晰、准确表达自己想法的能力，无论是传达战略规划、指导工作方向，还是分享个人愿景，都需要以易于理解的方式传达给团队成员，确保信息的准确无误与完整传达。这不仅要求领导者拥有良好的语言组织能力，还需具备高度的情商，能够根据听众的不同背景和需求，调整沟通策略，确保信息的接收者能够充分理解并产生共鸣。

倾听，作为沟通力的另一面，同样至关重要。优秀的领导者懂得倾听团队成员的意见和需求，给予他们充分的表达空间，这不仅能够收集到宝贵的反馈信息，还能够展现出对团队成员的尊重与关怀，增强团队的凝聚力。倾听还意味着领导者需要保持开放的心态，愿意接受不同的观点和建议，这有助于领导者从多角度审视问题，做出更为全面和客观的决策。

创造一个开放和包容的沟通环境，是领导者沟通力的高级体现。这种环境鼓励团队成员自由表达，无论是提出创新的想法，还是表达个人的困惑与不满，都能够在一个无惧评判的氛围中进行。领导者通过建立这种文化，能够促进信息的自由流动，减少沟通壁垒，使团队成员感受到自己的声音被重视，从而增强团队的归属感与积极性。

良好的沟通力对于建立信任、减少误解、促进团队协作具有不可估量的价值。当领导者能够有效沟通时，团队成员之间的信息不对称得以减少，合作的效率得以提升，团队的整体效能显著增强。此外，沟通力还是解决冲突和推动变革的关键。在面对分歧与挑战时，领导者通过有效的沟通，能够找出问题的根源，协调各方利益，寻找共赢的解决方案。在推动组织变革的过程中，领导者清晰、坚定的沟通能够为团队指明方向，缓解变革带来的焦虑与不安，引领团队共同迈向

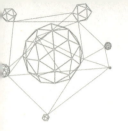

新的目标。

综上所述，沟通力是领导者不可或缺的能力，它贯穿于领导者的日常工作中，从内部团队的协作到外部合作伙伴的交流，从日常的沟通到关键时刻的决策，沟通力都在其中发挥着至关重要的作用。通过持续提升沟通力，领导者不仅能够促进团队的和谐与效率，还能够推动组织的持续发展与创新。

（五）教导力

教导力，作为领导力的重要维度，体现了领导者在团队建设与发展中的深远影响。在瞬息万变的商业环境中，领导者不仅是决策的制定者和执行的指挥官，更是团队成员成长的导师与教练。通过传授知识、分享经验、培养技能，领导者能够激发团队成员的潜力，促进其个人与职业成长，为组织的持续繁荣奠定坚实的人才基础。

教导力的核心在于领导者对人才培养的长期承诺与投入。这要求领导者具备开阔的视野和前瞻性的思维，认识到团队成员个人成长与组织成功之间具有内在联系。通过持续的指导与支持，领导者帮助团队成员建立自信，拓展能力边界，面对挑战时更加从容不迫。这种教导不仅限于专业技能的传授，更涵盖了领导力、团队合作、创新思维等软技能的培养，全方位提升团队成员的综合素质。

有效的教导力要求领导者以身作则。通过自己的行为展示出积极的工作态度、卓越的职业操守和解决问题的能力，激励团队成员效仿，形成良好的学习氛围。此外，领导者还需具备敏锐的洞察力，能够识别团队成员的个人兴趣与职业目标，定制化地提供指导，使个人成长与组织需求相匹配，实现双赢。

教导力还体现在领导者能够创建一个支持性与挑战性并存的学习环境。在这样的环境中，团队成员被鼓励去探索未知领域，尝试新事物。领导者通过提供及时的反馈与建设性的批评，帮助团队成员从经验中学习，不断进步。同时，通过组织培训、研讨会、工作坊等形式，领导者能够系统性地提升团队的整体能力，促进知识共享与技能传承。

最后，教导力的体现离不开领导者对团队成员成就的认可与庆祝。通过公开表扬与奖励，领导者能够强化正面行为，激发团队成员的归属感与成就感，进一步促进团队的凝聚力与士气。这种积极的反馈循环，不仅巩固了团队成员的成长动力，也为组织营造了积极向上的文化氛围。

综上所述，教导力是领导者通过知识传授、经验分享与技能培养，促进团队成员成长，提升团队整体能力的关键能力。它体现了领导者对人才发展的重视与投资，为组织的持续成功奠定了坚实的人才基础。通过持续的教导与支持，领导者不仅能激发团队成员的潜力，还能够构建一个充满活力与创新精神的团队，共同推动组织向更高的目标迈进。

（六）激励力

激励力，作为领导力的重要组成部分，是领导者激发团队潜能、提升整体效能的关键。在组织管理中，优秀的领导者深知如何有效调动团队的积极性。他们通过设定清晰的目标、提供合理的奖励机制、

认可并赞赏个人贡献等多种方式，不仅激发团队成员的工作热情，还营造出一个充满活力、积极向上的工作氛围。这种激励不仅仅是停留在物质奖励的层面，更深层次的是精神上的鼓励与支持，使团队成员深刻感受到自己的价值与重要性，从而增强团队的凝聚力和战斗力。

设定明确的目标是激励力的基础。领导者应当与团队成员共同制定既有挑战性又可实现的目标，确保每个人都明白自己的工作方向与组织的总体愿景相一致。这种目标导向不仅为团队成员提供了清晰的行动指南，还能够激发他们的内在动力，推动他们克服困难，追求卓越。

提供适当的奖励机制是激励力的直接体现。合理的奖励能够及时肯定团队成员的努力与成就，不仅包括薪酬、奖金等物质激励，更重要的是那些非物质的奖励，如晋升机会、培训资源、工作自主权等，这些都能够满足团队成员的个人成长需求，增强其工作满意度与忠诚度。

认可个人贡献是激励力的精髓。优秀的领导者懂得适时地表达感激之情，无论是通过公开表扬、写感谢信还是举行表彰大会，都能够使团队成员感受到自己的付出得到了应有的尊重与认可。这种正面反馈不仅能够提升个人的自尊心与自信心，还能够促进团队成员之间的相互尊重与合作，增强团队的整体凝聚力。

精神上的鼓励和支持是激励力的深层内涵。领导者应当创造一个包容、支持的工作环境，鼓励团队成员表达自己的想法与感受，提供必要的心理支持与职业指导。这种人文关怀能够让团队成员感受到自己是组织大家庭中不可或缺的一员，激发他们对工作的热爱与对团队的归属感。

综上所述，激励力是领导者通过目标设定、奖励机制、贡献认可以及精神鼓励等多种手段，激发团队成员工作热情与潜能的能力。它不仅提升了团队的整体效能，还促进了团队成员的个人成长与幸福感，为组织的持续发展奠定了坚实的基础。通过持续的激励与支持，领导者能够构建一支充满活力、凝聚力强、战斗力高的优秀团队，共同推动组织向更高目标迈进。

二、数智化转型中领导力的持久价值

尽管人工智能技术能够处理大量的数据、优化决策过程、自动化常规任务，但人类领导者在情感智能、创造性思维和复杂情境下的判断力方面仍然不可或缺。

（一）情感智能

情感智能，作为领导力的关键组成部分，在快节奏、高压力的现代工作环境中显得尤为重要。它不仅关乎个人的心理健康，更是建立和谐人际关系、激发团队凝聚力和提升整体工作效率的基石。在这一背景下，领导者的情感智能体现在两个主要方面：一是有效管理自己的情绪，二是在此基础上理解并响应他人的情绪。

1.有效管理自己的情绪。在充满挑战和不确定性的商业环境中，领导者不可避免地会面临各种压力和情绪波动。一个情感智能高的领导者，能够识别并理解自己的情绪状态，通过适当的策略，如深呼吸、

冥想、运动或寻求支持，来调节和控制这些情绪，防止其影响决策质量和团队氛围。这种自我情绪管理的能力，不仅有助于领导者保持冷静和理智，做出更明智的决策，还能树立一个积极的榜样，激励团队成员以同样的方式应对压力。

2. 理解并响应他人的情绪。领导者需要具备高度的同理心，能够敏锐地察觉团队成员的情绪变化，理解他们的感受和需求，以此为基础提供恰当的支持和指导。这种能力要求领导者能够倾听他人的观点，设身处地地思考问题，展现出真诚的关怀和尊重。通过积极的反馈、鼓励的话语和及时的帮助，领导者可以增强团队成员的归属感，激发他们的工作热情，促进团队内部的沟通与协作。此外，情感智能高的领导者还能够妥善处理冲突，通过调解和沟通，找到双方都能接受的解决方案，避免情绪化的争执升级，维护团队的和谐与稳定。

综上所述，情感智能在快节奏、高压力的工作环境中对于领导者来说至关重要。它不仅帮助领导者保持个人的情绪健康，做出冷静而明智的决策，还能促进团队成员之间的情感连接，激发团队的凝聚力和创造力。通过不断提升情感智能，领导者能够营造一个积极、支持和包容的工作环境，为组织的持续发展奠定坚实的人文基础。在这样的环境中，团队成员能够充分发挥潜力，共同面对挑战，实现个人与组织的共同成长。

（二）创新思维

创新思维，已成为领导者不可或缺的核心能力之一。面对人工智能带来的颠覆性变革，无论是技术的进步、市场的演变，还是消费者需求的多样化，领导者必须具备前瞻性的眼光和开放的心态，勇于突破传统框架，引领团队探索未知领域，发掘新的机遇与解决方案，从而推动组织持续发展与创新。

首先，创新思维要求领导者能够敏锐地洞察人工智能技术的趋势和潜力，理解其对行业和组织可能产生的深远影响。这不仅包括对现有技术的深度掌握，更涉及对新兴技术的探索与学习，以及对其未来发展方向的预测。通过持续学习和跨界知识的融合，领导者能够识别出技术与业务结合的创新点，为组织开辟新的增长路径。

其次，领导者需要鼓励团队成员培养创新意识，营造一个支持创新、容忍失败的组织文化。这意味着要建立一个开放的沟通平台，鼓励团队成员自由表达创意，即使这些创意看似离经叛道或充满风险。领导者应当展现出对新思路的接纳与支持，通过提供资源、时间和空间，让团队成员有机会试验自己的想法，即使最终结果可能是失败。在这样的环境中，团队成员将更加乐于尝试，从而激发出源源不断的创新火花。

再次，创新思维还体现在领导者能够跨领域合作，整合内外部资源，促进知识与技术的交叉融合。在人工智能技术的推动下，行业边界逐渐模糊，领导者需要打破传统的思维定式，主动寻求与其他领域、其他企业的合作机会，共同探索跨领域的创新解决方案。这种跨界合作不仅能够带来新的灵感，还能加速创新项目的落地与实施，为组织带来意想不到的收益。

最后，领导者应当将创新思维融入组织的战略规划与日常运营之

中，使其成为组织文化的一部分。这意味着要将创新视为组织发展的常态，而不是一时的潮流。通过设定创新目标，建立创新激励机制，以及持续评估与优化创新流程，领导者要能够确保创新思维贯穿组织的每一个角落，使其成为推动组织持续发展的强大引擎。

综上所述，创新思维是数智化转型中领导者必须掌握的关键能力。它要求领导者具备敏锐的洞察力、开放的心态、鼓励创新的组织文化和跨领域的合作精神，通过不断探索与实践，引领团队和组织在人工智能的浪潮中不断前进，实现持续发展与创新。

（三）战略视野

在人工智能技术日新月异的背景下，战略视野成为领导者不可或缺的关键能力。面对不断加速的技术革新和市场变化，领导者必须具备前瞻性的战略规划能力，能够洞悉行业趋势，预见未来发展方向，从而指导组织有效适应并抓住机遇，确保其在竞争中保持领先地位。

首先，战略视野要求领导者对人工智能技术的发展脉络有深刻的理解。这包括掌握人工智能核心技术的演进路线，如机器学习、深度学习、自然语言处理等，以及它们在各个行业应用的现状和潜力。领导者需要密切关注人工智能领域的前沿动态，包括学术研究、技术创新、政策法规等，以便准确判断哪些技术将对本行业产生重大影响，哪些趋势将成为未来的发展主流。

其次，领导者应具备跨领域的洞察力，能够将人工智能技术与行业特性相结合，预见其可能带来的变革。这需要领导者跳出传统思维框架，从全局视角审视行业生态，思考人工智能如何重塑商业模式、客户体验、供应链管理等关键环节，以及如何通过人工智能赋能，提升组织的效率、创新能力和市场竞争力。

再次，战略视野还体现在领导者能够基于对未来的预测，制定灵活且富有弹性的战略规划。这要求领导者在制定战略时，既要考虑到短期的战术布局，确保组织能够快速响应市场变化，又要着眼长远，构建可持续发展的战略框架，为组织的未来增长奠定坚实基础。领导者需要平衡风险与机遇，预见并准备好应对潜在的挑战，如技术过时、数据安全、伦理问题等，确保组织能够在不确定的环境中稳健前行。

最后，领导者应将战略视野转化为组织上下的一致行动。这意味着要清晰地传达战略意图，激发团队成员的共识与动力，通过有效的执行机制，将战略规划转化为具体行动。领导者还需建立持续学习和反馈的文化，鼓励团队成员跟踪行业动态，及时调整战略方向，确保组织的战略规划始终保持与时代同步，不断进化。

综上所述，战略视野是数智化转型中领导者必须培养的核心能力。它要求领导者具备深厚的行业洞察力、前瞻性的技术理解、灵活的战略规划能力和卓越的执行能力，通过预见未来趋势，指导组织有效适应和引领行业变革，确保在人工智能驱动的新时代中持续繁荣。

（四）伦理决策

今天，伦理决策成为领导者面临的一项严峻挑战。人工智能技术的广泛应用不仅带来了前所未有的效率与便利，同时也引发了诸多伦

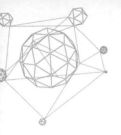

理和道德问题，如数据隐私、算法偏见、自动化对就业的影响，以及人工智能系统的透明度和可解释性等。领导者在追求技术创新和商业利益的同时，必须在伦理与责任之间找到平衡，确保技术的健康发展，避免对社会和个人造成不可挽回的伤害。

1. 建立伦理框架

指导人工智能技术的研发和应用，制定明确的道德准则和行为规范，确保人工智能系统的设计、训练和部署过程中，充分考虑数据的隐私保护、算法的公平性，以及决策的透明度。领导者应倡导并实践负责任的数据使用，避免数据滥用和泄漏，同时采取措施防止算法偏见，确保人工智能系统不会因为数据集的局限性而产生歧视性决策。

2. 参与伦理决策的讨论与制定

与政府、行业组织、学术界及社会公众展开合作，共同探讨和制定人工智能伦理标准和监管政策。通过跨领域的对话与合作，领导者可以更全面地理解伦理问题的复杂性，促进共识的形成，推动建立一个既鼓励创新又保障伦理的人工智能发展环境。

3. 培养组织伦理意识

将伦理决策融入企业文化，定期对员工进行伦理培训，提高员工对人工智能伦理问题的认知，鼓励员工在日常工作中主动思考和解决伦理难题。同时，建立一个开放的沟通机制，让员工能够提出伦理方面的疑虑和建议，促进组织内部的伦理反思和持续改进。

4. 承担社会责任

确保人工智能技术的发展服务于更广泛的社会福祉，投资于人工智能伦理的研究，支持公平、包容的人工智能教育项目，以及参与解决由人工智能引发的就业转型、数字鸿沟等社会问题。领导者要树立企业的正面形象，增强公众对人工智能技术的信任和接受度，为人工智能技术的长远发展奠定坚实的社会基础。

综上所述，伦理决策是数智化转型中领导者不可回避的任务。通过建立伦理框架、参与伦理决策的讨论与制定、培养组织伦理意识及承担社会责任，领导者能够确保人工智能技术的健康发展，平衡商业利益与社会伦理，推动人工智能技术成为促进社会进步和人类福祉的强大力量。

三、面向未来的领导力发展

（一）技术变革的不确定性

人工智能技术的快速发展无疑为企业和社会带来了前所未有的机遇，但同时也伴随着高度的不确定性。领导者需要在瞬息万变的环境中做出决策，同时确保组织能够保持灵活性和适应性。

首先，面对人工智能技术的不确定性，领导者必须具备前瞻性思维，能够预见技术趋势和市场变化。这要求领导者持续学习，掌握最

新的行业动态和技术进展，同时培养敏锐的洞察力，能够识别出哪些技术有可能对行业产生颠覆性影响，哪些趋势将成为未来的主流。通过这样的前瞻性规划，领导者能够为组织设定清晰的战略方向，确保组织能够在技术变革的大潮中乘风破浪。

其次，领导者需要建立一个灵活的组织架构和文化，以应对技术变革带来的不确定性。这意味着组织结构不应过于僵化，而应具备一定的弹性，能够快速调整以适应外部环境的变化。领导者应当鼓励创新和实验精神，允许团队成员在一定范围内自由探索，以此培养组织的韧性和适应性。同时，领导者还需建立有效的沟通机制，确保信息在组织内部的流畅传递，使团队成员能够及时了解组织的战略调整，共同应对挑战。

再次，领导者应重视人才的培养和吸引，构建一支能够适应技术变革的团队。这包括投资于员工的技能培训，特别是与人工智能相关的技术能力和软技能，如批判性思维、创新能力和跨文化交流能力。同时，领导者还应关注组织的多元化和包容性，吸纳来自不同背景和领域的专业人才，以促进创新思维和解决问题的多样性视角。

最后，领导者需要建立风险管理机制，以应对技术变革可能带来的潜在威胁。这包括识别和评估技术变革对组织可能产生的负面影响，如就业市场的变化、数据安全的风险，以及伦理和法律问题。通过预先制定应对策略，如员工再培训计划、数据保护措施和伦理准则，领导者能够减轻不确定性带来的冲击，确保组织在技术变革的浪潮中稳健前行。

综上所述，人工智能技术的不确定性要求领导者在决策时具备前瞻性思维，构建灵活的组织架构，重视人才的培养，以及建立有效的风险管理机制。通过这样的策略，领导者能够引领组织在充满挑战与机遇的数智化转型中，保持竞争力，实现可持续发展。

（二）人机协作的平衡

当下，领导者面临着一项艰巨而微妙的任务：在人与机器之间找到最佳平衡点。人工智能的广泛采用无疑极大地提升了生产效率，优化了决策过程，但在这一过程中，如何确保人类价值和创造力得到应有的重视，成为领导者必须审慎考虑的问题。

首先，领导者需要深刻理解人工智能技术的局限性与优势，以及人类在工作场所中不可替代的角色。虽然人工智能在处理大量数据、模式识别、自动化重复任务等方面表现出色，但在涉及情感理解、创造性思维、道德判断以及人际互动等领域，人类依然占据着无可比拟的地位。领导者应根据这些认识，合理分配任务，让人工智能承担那些机械重复、数据密集型的工作，而将需要情感交流、创新思维和道德考量的任务留给团队成员，以发挥各自的优势。

其次，领导者应当积极促进人机协作的文化，构建一个和谐共存的工作环境。这意味着要设计工作流程，使人工智能系统能够无缝融入团队，成为人类同事的有力助手，而不是替代者。领导者可以通过培训和教育，帮助团队成员掌握与人工智能协作的技能，学会如何利用人工智能工具提升工作效率，同时保持对工作的控制和主导权。此外，领导者还应鼓励团队成员发挥人类的独创性和判断力，将人工智

能视为增强个人能力的工具，而非威胁。

再次，领导者需要关注人工智能对工作场所的影响，确保技术的引入不会削弱团队成员的参与感和归属感。通过建立透明的沟通渠道，领导者可以让团队成员参与到人工智能技术的决策过程中，听取他们的意见和担忧，共同制定人工智能应用的规则和边界。这种参与感不仅能够提高团队成员对人工智能技术的接受度，还能够激发他们对工作的热情和投入，确保人类价值和创造力在数智化转型中得到充分尊重和发挥。

最后，领导者应致力于培养一种以人为本的领导风格，将员工的福祉和发展置于首位。这意味着要关注人工智能技术可能带来的就业结构调整，通过提供转岗培训、技能提升等措施，帮助受影响的员工适应新的工作环境。同时，领导者还应倡导工作与生活平衡的理念，确保技术的发展不会牺牲员工的健康和幸福，维护一个健康、积极的工作文化。

综上所述，领导者在推动人工智能技术应用的过程中，既要充分利用人工智能提升效率，又要确保人类价值和创造力得到应有的重视。通过理解人工智能的局限性与优势，促进人机协作的文化，关注技术对工作场所的影响，以及以人为本的领导风格，领导者能够构建一个人机和谐共处的工作环境，实现技术与人性的完美融合。

（三）团队多样性的管理

全球化与数智化转型相互促进、相辅相成。全球化为数智化转型提供广阔的市场和资源，跨国公司在全球布局业务促使其利用数字技术和智能手段优化运营、提高效率以适应全球竞争。同时，数智化转型为全球化提供技术支撑，使跨国界的信息交流、资源配置、生产协作等更加高效便捷，拓展了全球化的深度和广度。

在全球化的数智化转型中，团队的多样性已成为推动创新和竞争力的关键因素。领导者面临的新挑战是如何有效地管理来自不同文化背景、拥有不同技能和视角的团队成员，以促进团队的包容性和创新。这不仅要求领导者具备跨文化沟通的能力，还要求他们掌握一系列管理技巧，以确保团队的多元性转化为团队的强大力量。

首先，领导者需要培养跨文化沟通的敏锐度和技巧。这意味着要理解不同文化间的沟通差异，包括非言语信号、直接与间接沟通风格、时间观念以及决策方式等。领导者应学会倾听和尊重团队成员的观点，避免文化偏见和刻板印象，确保每个人的声音都能被听见和理解。通过定期的团队建设活动和跨文化培训，领导者可以增强团队成员之间的相互了解，促进彼此之间的尊重和信任。

其次，领导者应当积极倡导包容性文化，确保团队中的每个人都能感到被接纳和尊重。这包括建立一个公平的评价体系，让所有团队成员都有机会展现自己的才能和贡献，无论他们的文化背景如何。领导者应鼓励团队成员分享自己的文化背景和专业知识，促进知识的交流和技能的互补，从而激发团队的创新潜力。此外，通过设立多元化的项目团队，领导者可以促进不同背景的团队成员之间的合作，利用他们的多样性来解决复杂问题，提高团队的整体表现。

再次，领导者需要具备适应性和灵活性，以应对全球化团队中可

能出现的挑战。这包括灵活的工作安排，以适应不同国家和地区的时区差异，以及提供多元化的沟通渠道，确保团队成员能够便捷地交流和协作。领导者还应关注团队成员的福祉，提供适当的支持和资源，帮助他们克服文化适应和工作压力带来的挑战，营造一个支持性的工作环境。

最后，领导者应致力于培养团队成员的全球视野和跨文化能力，通过提供国际交流和培训机会，鼓励团队成员拓宽视野，了解不同文化的工作方式和市场趋势。这不仅能够提升团队成员的个人技能和职业发展，还能够增强团队的国际竞争力，为组织在全球市场中取得成功奠定基础。

（四）持续的创新压力

在人工智能引领的第四次工业革命中，创新周期的缩短对领导者构成了前所未有的挑战。人工智能技术的快速发展和广泛应用，缩短了产品和服务的生命周期，提高了市场对创新速度和质量的期待。在这种环境下，领导者既是创新的推动者，也是创新文化的培育者，既要不断探索新的技术和商业模式，又要激发团队的创新精神，提升团队的创新能力。

1. 具备敏锐的市场洞察力

领导者应预见人工智能技术的潜在影响和新兴趋势，及时调整战略方向，把握先机。这要求领导者持续学习，紧跟人工智能技术的最新进展，理解其在行业中的应用潜力，从而在竞争中保持领先。同时，领导者还应鼓励团队成员保持好奇心和求知欲，营造一个学习型组织，让创新成为组织文化的一部分。

2. 建立一个鼓励创新的环境

领导者应降低创新门槛，包括为团队提供研发资金、实验室设施、专业培训等必要的资源和工具等，让团队成员敢于尝试新想法；建立一个宽容失败的文化，让团队成员在创新过程中不必担心犯错；设立创新奖项、举办创新竞赛等，激发团队的创新热情，让创新成为一种荣誉和追求。

3. 推动跨领域合作，促进知识的交叉融合

人工智能技术的复杂性往往需要多学科的专家共同协作，才能实现突破。因此，领导者应打破部门壁垒，鼓励团队成员与不同背景的同事、外部合作伙伴甚至竞争对手进行交流与合作，从多元化的视角激发创新灵感。此外，领导者还应利用人工智能工具，如大数据分析和机器学习，辅助创新决策，提高创新的效率和成功率。

4. 培养创新人才

构建一支具备创新精神的团队。这包括投资于员工的技能培训，特别是与人工智能相关的技术能力和创新思维能力，以及营造一个开放和包容的工作环境，让每个人都能发挥自己的特长和潜力。领导者应关注团队的多样性，认识到不同背景和视角对于创新的重要性，通

过多样化的团队组合，激发更多的创新火花。

　　总之，人工智能加速的创新周期要求领导者要在战略上保持敏锐和前瞻，在组织文化、资源分配、人才培养等方面下功夫，构建一个持续创新的生态系统。通过激发团队的创新精神，提升团队的创新能力，领导者带领组织在数智化转型中保持竞争优势，不断开创未来。

后　记

　　人工智能的出现，无疑为我们提供了前所未有的机遇。它加快了信息处理的速度，提高了生产效率，为决策提供了数据支持，使得个性化服务成为可能。在本书中，我们讨论了领导力在数智化转型中的新面貌，从数据驱动的决策到人机协作的实践，从伦理考量到社会影响的评估，每一个话题都揭示了领导者面临的复杂挑战和广阔机遇。我们看到了领导者如何在保持传统优势的同时，不断拓展新技能，如数据分析、算法理解以及跨文化交流等，以适应这个快速变化的世界。

　　数智化转型中呼唤新型领导力。传统的领导风格或许不再适用，取而代之的是一种融合了技术理解、战略远见、人际连接和情感智能的新模式。领导者不仅要成为技术的掌握者，更要成为团队的赋能者，文化的塑造者，以及变革的引导者。这意味着，领导力的重心从控制转向了引导，从指令转向了协作，从个人英雄主义转向了集体智慧。在这样的背景下，领导力不再是单纯的技术驾驭能力，而是更多地体现在对人性的理解、对团队的激励、对文化的塑造上。领导者需要具备跨领域的视野，不仅要精通技术，更要懂得人文，善于倾听与沟通，能够在复杂多变的环境中引导团队前行。

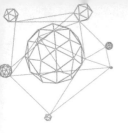

在这个充满不确定性的时代，领导力的含义正在被重新定义，从过去单一的权威象征，转变为一种包容、创新、赋能和共情的综合能力。所有处于领导岗位的人士，都应主动拥抱变化，勇于探索未知，不断提升自我。在这个由人工智能驱动的新时代，每一位领导者都有机会成为变革的先锋，共同书写人类社会更加辉煌的篇章。人工智能技术的演进速度令人惊叹，这要求领导者保持终身学习的态度。正如本书所强调的，无论是对于新兴科技的理解，还是对社会趋势的洞察，持续学习都是保持领导力敏锐度的关键。

本书只是对数智化转型中领导力变革的初步探索，真正的旅程始于您放下这本书的那一刻。愿您带着这份知识和洞见，勇敢地踏入未来，成为变革的催化剂，不仅是适应变化，更是引领潮流，在数智化转型中的洪流中找到属于自己的领导之道，引领组织和社会向着更加智慧、善意、富有创新精神的方向迈进。